एम्प्लॉयबिलिटी स्किल्स हिंदी MCQ

मनोज डोळे

डिजिटाइजेशन समय की मांग है। भविष्य में, प्रशिक्षण को अधिक सुविधाजनक और आसान बनाने के लिए ऑनलाइन इंटरनेट का उपयोग करके औद्योगिक प्रशिक्षण संस्थानों में प्रशिक्षण आयोजित करने की आवश्यकता होगी। एमसीक्यू प्रश्नों के एक सेट वाली ई-पुस्तकें प्रशिक्षुओं को उपलब्ध कराई जाएंगी क्योंकि उन्हें अपने औद्योगिक प्रशिक्षण संस्थानों में होने वाली ऑनलाइन परीक्षाओं की तैयारी के लिए बहुविकल्पीय प्रश्नों एमसीक्यू के अधिक आदी होने की आवश्यकता है।

इन सब बातों को ध्यान में रखते हुए औद्योगिक प्रशिक्षण संस्थान सतारा के प्रशिक्षक श्री मनोज मधुकर डोले ने नई वार्षिक प्रणाली और एनएसक्यूएफ-5 पाठ्यक्रम के अनुसार पुस्तकें लिखी हैं। और उन्होंने प्रशिक्षण को आसान बनाने के लिए सैद्धांतिक मोबाइल ऐप और ब्लॉग बनाए हैं, और इन सभी शैक्षिक सामग्री को विश्व प्रसिद्ध वेबसाइटों Google Play Store, Amazon और Apple Book Store पर डाउनलोड के लिए उपलब्ध कराया है।

पुस्तकों का प्रकाशन माननीय सहसंचालक श्री राजेंद्र घुमे साहेब प्रादेशिक व्यावसायिक शिक्षण व प्रशिक्षण कार्यालय, पुणे द्वारा दिनांक 9/1/2019 को किया गया, इस समय श्री प्रकाश सहगवकर साहब प्राचार्य शासकीय औद्योगिक प्रशिक्षण संस्थान औंध पुणे, श्री तुकाराम मिसाल साहेब प्राचार्य सरकार प्र. संस्था सतारा, श्री सचिन धूमल साहब जिला व्यावसायिक शिक्षा एवं प्रशिक्षण अधिकारी सतारा, श्री यतिन परगांवकर साहब प्राचार्य शासन. Q. संस्था कोल्हापुर, श्री विकास टेक साहब इंस्पेक्टर वोकेशनल एजुकेशन एंड ट्रेनिंग रीजनल ऑफिस पुणे, पालेकर फूड्स प्रोडक्ट्स प्रा. लि. सतारा के उद्यमी अध्यक्ष श्री नीलकंठराव पालेकर साहब, हीरा फूड्स के अध्यक्ष श्री इब्राहिम बाबा तंबोली साहब, श्रीमती शाल्मली पवार मुख्याध्यापिका शासकीय तकनीकी विद्यालय केंद्र सतारा सहित अन्य गणमान्य व्यक्ति इस अवसर पर उपस्थित थे।

क्रम-सूची

प्रस्तावना

एम्प्लॉयबिलिटी स्किल्स हिंदी MCQ बिलिटी स्किल्स एमसीक्यू आईटीआई सब्जेक्ट एम्प्लॉयबिलिटी स्किल्स रिवाइज्ड एनएसक्यूएफ सिलेबस के लिए एक सरल किताब है, इसमें रेखांकित और बोल्ड सही उत्तरों के साथ वस्तुनिष्ठ प्रश्न हैं, जिसमें सभी विषयों को शामिल किया गया है, जिसमें नवीनतम और महत्वपूर्ण के बारे में सभी विषय शामिल हैं-

उच्चारण, कार्यात्मक व्याकरण, अभिवादन, परिचय आदि जैसे कौशल के अनुप्रयोग को समझने के लिए अंग्रेजी साक्षरता मॉड्यूल

आईटी साक्षरता इस मॉड्यूल में कंप्यूटर की मूल बातें, एमएस वर्ड, एमएस एक्सेल, इंटरनेट और ईमेलिंग आदि विषयों को शामिल किया गया है। आईटी साक्षरता के दो खंड हैं - सिद्धांत और अभ्यास। सिद्धांत खंड में कंप्यूटर की बुनियादी जानकारी और अनुप्रयोग शामिल हैं।

संचार कौशल यह मॉड्यूल मौखिक संचार, गैर मौखिक संचार, सुनना, आत्म जागरूकता और व्यवहार कौशल आदि जैसे विषयों को कवर कर रहा है। संचार कौशल मॉड्यूल में दो खंड हैं - सिद्धांत और व्यायाम। सिद्धांत खंड प्रशिक्षु को कौशल, व्यावहारिक अनुप्रयोग और किसी भी अन्य प्रासंगिक जानकारी की आवश्यकता को समझने में मदद करता है।

उद्यमिता कौशल यह उन इच्छुक युवाओं के लिए है जो विभिन्न ट्रेडों में तकनीकी प्रशिक्षण प्राप्त करते हैं और उद्यमिता को करियर के अवसर के रूप में लेना चाहते हैं।

'उत्पादकता' इस बारे में है कि लोग कच्चे माल, श्रम, कौशल, पूंजी उपकरण, भूमि, बौद्धिक संपदा, प्रबंधकीय क्षमता और वित्तीय पूंजी जैसी वस्तुओं और सेवाओं का उत्पादन करने के लिए संसाधनों को कितनी अच्छी तरह जोड़ते हैं।

व्यावसायिक सुरक्षा, स्वास्थ्य और पर्यावरण शिक्षा यह सहकर्मियों, परिवार के सदस्यों, कर्मचारियों, ग्राहकों, आपूर्तिकर्ताओं और अन्य लोगों की सुरक्षा करती है जो कार्यस्थल के माहौल में शामिल हैं।

श्रम कल्याण कानून में कर्मचारियों की भलाई की देखभाल करने और उनके जीवन स्तर को बढ़ाने के लिए डिज़ाइन की गई समग्र कल्याण सुविधाएं शामिल हैं।

यहां दिए गए गुणवत्ता उपकरण न केवल उन्हें सटीक ज्ञान इनपुट प्रदान करने के लिए बहुत महत्वपूर्ण हैं बल्कि एक उत्कृष्ट और कुशल गुणवत्ता वाले व्यक्ति बनने के लिए निरंतर सुधार के लिए क्यूसी के विकास के माध्यम से समस्या निवारण तकनीकों को लागू करने में सक्षम होंगे।

हम प्रत्येक नए संस्करण के साथ नए प्रश्न उत्तर जोड़ते हैं। किसी भी त्रुटि/चूक के मामले में कृपया हमें ईमेल करें। यह यकीनन सभी इंजीनियरिंग बहुविकल्पीय प्रश्नों और उत्तरों के लिए सबसे बड़ी और सर्वश्रेष्ठ पुस्तक है।

एक छात्र के रूप में आप इसे अपनी परीक्षा की तैयारी के लिए उपयोग कर सकते हैं। यह पुस्तक प्रोफेसरों के लिए सामग्री को ताज़ा करने के लिए भी उपयोगी है।

भूमिका

डीजीईटी नई दिल्ली और सीएसटीएआरआई कोलकाता अगस्त 2018 सत्र से आईटीआई में सभी व्यवसायों के लिए एक वार्षिक पैटर्न लागू कर रहे हैं। परीक्षा प्रणाली में भी बदलाव किया जाएगा और यह इस साल से ऑनलाइन हो जाएगी और चूंकि सभी प्रश्न वस्तुनिष्ठ प्रकार (एमसीक्यू) के हैं, इसलिए प्रशिक्षुओं को गहन अध्ययन की सख्त जरूरत है। इसे ध्यान में रखते हुए हमें पुराने NIMI पैटर्न पर आधारित पुस्तकें और नए वार्षिक पैटर्न का संपूर्ण अवलोकन प्रस्तुत करते हुए प्रसन्नता हो रही है, और हम आशा करते हैं कि ये पुस्तकें सभी व्यावसायिक निदेशकों और प्रशिक्षुओं के लिए एक मार्गदर्शक होंगी। है।

इन पुस्तकों को लिखने के लिए आईटीआई अकलुज के प्राचार्य जोहर अवाटे साहब ने कहा। आईटीआई सतारा सहगवकर साहब के पूर्व प्राचार्य, सहायक निदेशक श्री चंद्रकांत ढेकने साहेब क्षेत्रीय व्यावसायिक शिक्षा एवं प्रशिक्षण कार्यालय, पुणे, जिला व्यावसायिक शिक्षा एवं प्रशिक्षण अधिकारी सचिन धूमल साहेब एवं प्रधानाध्यापक शासकीय तकनीकी विद्यालय केन्द्र शाल्मली पवार मैडम एवं पुत्र अधिराज डोले, माता कुसुम डोले , मैं अपने पिता मधुकर डोले और पत्नी अश्विनी डोले को समय-समय पर उनके विशेष मार्गदर्शन और सहयोग के लिए बहुत आभारी हूं।

साथ ही, बहुत ही कम समय में श्री राजेन्द्र घुमे साहेब, संयुक्त निदेशक, व्यावसायिक शिक्षा और प्रशिक्षण क्षेत्रीय कार्यालय, पुणे द्वारा पुस्तक के प्रकाशन में उनके अमूल्य समय के लिए पुस्तक की समीक्षा की गई। मैं उनकी प्रतिक्रिया के लिए हृदय से आभारी हूँ।

पुस्तक लिखने की शुरुआत से ही निरंतर समर्थन के लिए मैं आईटीआई सतारा के प्रशिक्षक का आभारी हूं।

इस पुस्तक से, मैं खुद को धन्य मानता हूं कि मैंने आपके साथ ई-लर्निंग पर अपने विचार साझा किए। मैं यह दावा नहीं करूंगा कि यह पुस्तक पूर्ण है, क्योंकि पूर्णता को देखते हुए यह पुस्तक एक प्रयास है और अपनी शैशवावस्था में है। यदि उनका परीक्षण और सुझाव दिया जाए तो वे सुधार के लिए मूल्यवान होंगे।

मनोज डोले

दिनांक 9/1/2019

पावती (स्वीकृति)

21वीं सदी में औद्योगिक क्षेत्र में तेजी से बढ़ती मांग के अनुरूप बहु-कुशल कारीगरों की आपूर्ति के लिए व्यावसायिक शिक्षा और प्रशिक्षण विभाग के माध्यम से व्यावसायिक शिक्षा और प्रशिक्षण विभाग के माध्यम से व्यावसायिक शिक्षा और प्रशिक्षण प्रदान किया जाता है। संस्थानों के भीतर सभी व्यवसाय महत्वपूर्ण हैं, क्योंकि इन व्यवसायों के प्रशिक्षु उद्योग की मांगों के अनुसार बहु-कौशल विकसित करते हैं।

सभी व्यवसायों के लिए उपयुक्त एमसीक्यू ई-पुस्तकें उपलब्ध कराने के नेक इरादे से, यह देखते हुए कि औद्योगिक क्षेत्र के सभी उद्योगों में सभी परीक्षाएं ऑनलाइन आयोजित की जाती हैं और इसमें एमसीक्यू पद्धति के प्रश्न शामिल होते हैं। श्री मनोज मधुकर डोले ने नए वार्षिक पाठ्यक्रम के अनुसार एमसीक्यू पद्धति पर एक बहुत अच्छी ई-बुक लिखी है। यह ई-पुस्तक निश्चित रूप से सभी प्रशिक्षुओं, प्रशिक्षु उम्मीदवारों, प्रशिक्षण प्रशिक्षकों और अन्य संबंधितों के लिए एक मार्गदर्शक होगी।

पुस्तक के लेखक श्री मनोज मधुकर डोले, इंस्ट्रक्टर गॉव आईटीआई सतारा को 17 साल का प्रशिक्षण अनुभव है। एक नए वार्षिक पैटर्न के रूप में लिखी गई, यह ई-बुक प्रत्येक विषय के लिए लेआउट, सरल भाषा और सरल सिंटैक्स, आरेख और वीडियो को समझने के लिए आधुनिक डिजिटल क्यूआर कोड तकनीक को शामिल करती है। इसलिए मुझे विश्वास है कि यह ई-पुस्तक निश्चित रूप से गहन अध्ययन और परीक्षा अभ्यास के लिए उपयोगी होगी। उन्होंने जो कार्य किया है वह निश्चित रूप से काबिले तारीफ है।

श्री तुकाराम मिसाल
प्राचार्य शासकीय औद्योगिक प्रशिक्षण संस्था सातारा.

आमुख

हमारे औद्योगिक प्रशिक्षण संस्थानों की औद्योगिक प्रशिक्षण और सैद्धांतिक परीक्षा प्रणाली और इन परिवर्तनों को शिल्प प्रशिक्षकों और प्रशिक्षुओं द्वारा स्वीकार किया गया है। आपके औद्योगिक प्रशिक्षण संस्थानों में आयोजित सैद्धांतिक परीक्षाएं भी ऑनलाइन आयोजित की जाती हैं। चूंकि ये परीक्षाएं बहुविकल्पीय एमसीक्यू पद्धति की हैं, इसलिए प्रशिक्षुओं को ऐसे प्रश्नों का अधिक अभ्यास करने की आवश्यकता होगी।

इन सब बातों को ध्यान में रखते हुए श्री मनोज मधुकर, निदेशक, डोले क्राफ्ट्स, कटारी औद्योगिक प्रशिक्षण संस्थान, सतारा, ने नई वार्षिक प्रणाली और NSQF-5 के अनुसार, गहन अध्ययन किया है और अपनी मेहनत से और अपनी गहरी बुद्धि को जोड़ा है। पाठ्यक्रम, कटारी और अन्य मशीन ट्रेडों की ई-बुक। -बुक) और उन्होंने प्रशिक्षण को आसान बनाने के लिए सैद्धांतिक विषयों पर मोबाइल ऐप और ब्लॉग बनाए हैं और इन सभी शैक्षिक सामग्री को विश्व प्रसिद्ध वेबसाइटों Google Play Store, Amazon और Apple Book Store पर डाउनलोड के लिए उपलब्ध कराया है। प्रिंट संस्करण बनाकर और क्यूआर कोड जैसी उन्नत तकनीकों का उपयोग करके प्रशिक्षण को आसान बना दिया गया है।

ये सभी शैक्षिक सामग्री निश्चित रूप से सभी प्रशिक्षुओं के लिए गहन अध्ययन के लिए और शिल्प प्रशिक्षकों और अन्य संबंधितों के लिए एक मार्गदर्शक होगी जो व्यावसायिक प्रशिक्षण प्रदान कर रहे हैं।

1

एम्प्लॉयबिलिटी स्किल्स हिंदी QR Code Images

Download App
Online Test Exam
ITI Books
AutoCAD CAM
JOB & Apprentice
Online Theory
Computer Course
Trading Course
CNC Course
MSCIT Course
Shopping Business
Internet Business
Web Designing
Online Services
Top Sportsmans
Indian Army
Freedom Fighters
Top Scientists
Social Reformers
Motivational Speaker
Top Richest People
Join WhatsApp Group
Join Facebook Group
Like Facebook Page
PAN / Adhar / Licence
Passport

English Literacy

Entrepreneurship skills

Productivity Video

Occupational safety

Labour welfare legislation

Quality tools

I.T. Literacy

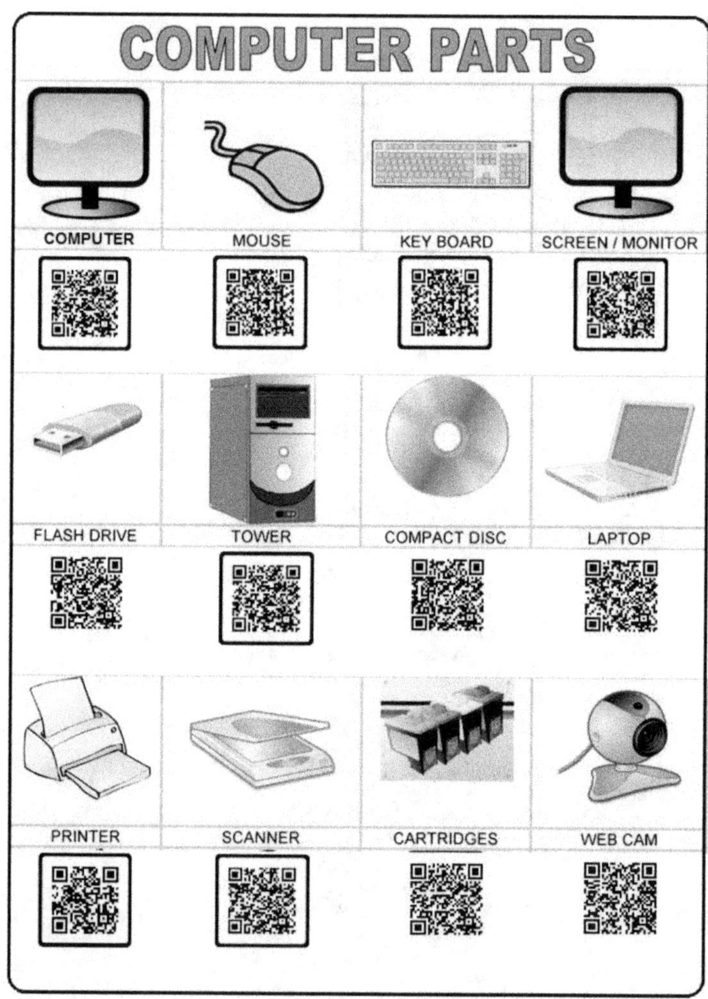
COMPUTER PARTS
COMPUTER
MOUSE
KEY BOARD
SCREEN / MONITOR
FLASH DRIVE
TOWER
COMPACT DISC
LAPTOP
PRINTER
SCANNER
CARTRIDGES
WEB CAM

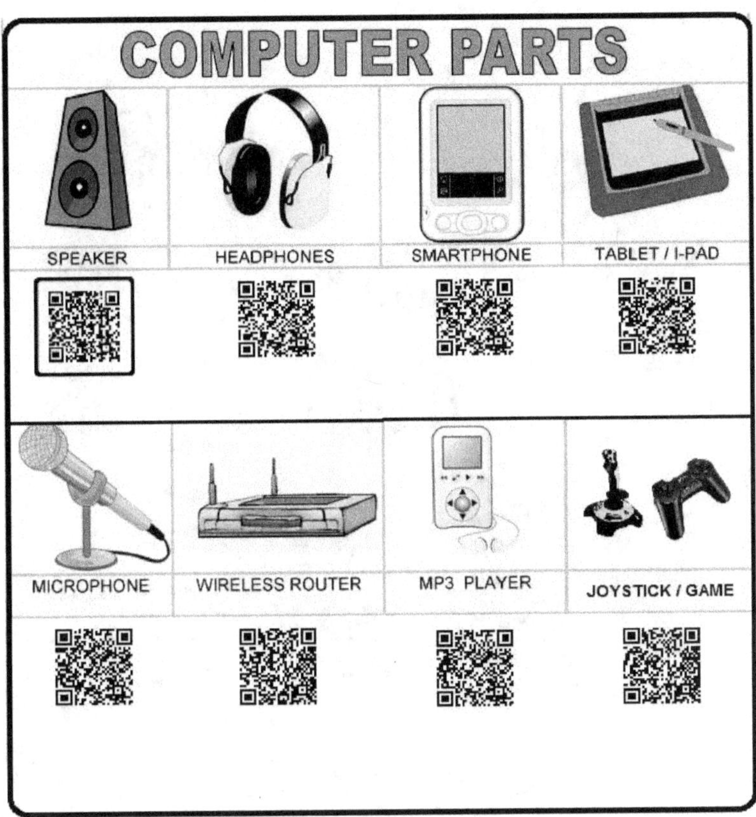

COMPUTER PARTS
SPEAKER
HEADPHONES
SMARTPHONE
TABLET / I-PAD
MICROPHONE
WIRELESS ROUTER
MP3 PLAYER
JOYSTICK / GAME

Computer CPU
Hardware Components

Matheeboad

Motherboard
Hardware Components

Excel Basic Functions

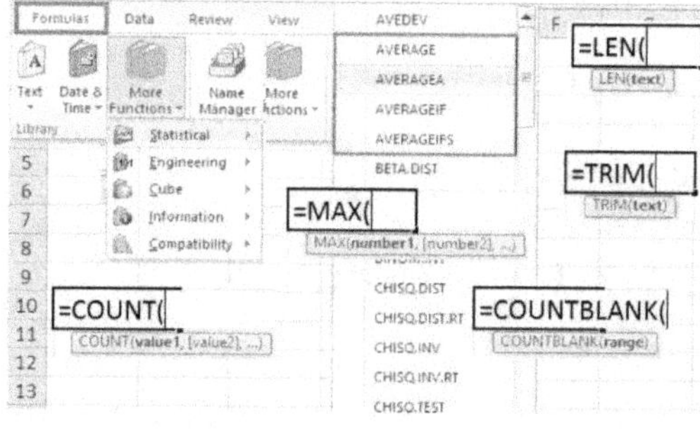

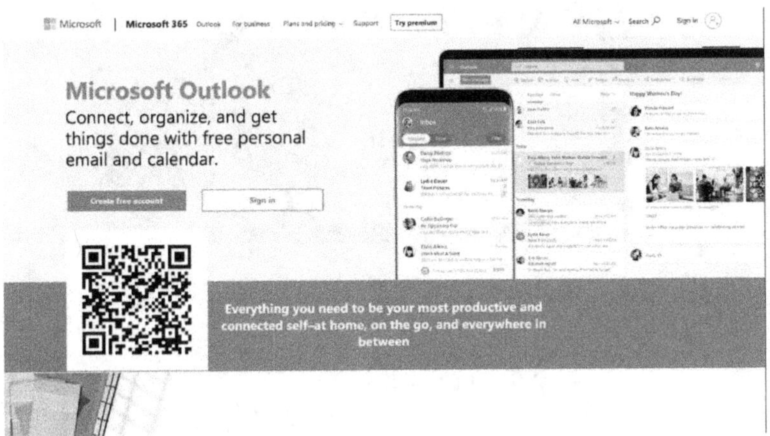
Microsoft
Microsoft 365   Outlook   for business   Plans and pricing   Support   Try premium
All Microsoft   Search   Sign in
Microsoft Outlook
Connect, organize, and get things done with free personal email and calendar.
Create free account
Sign in
Everything you need to be your most productive and connected self–at home, on the go, and everywhere in between

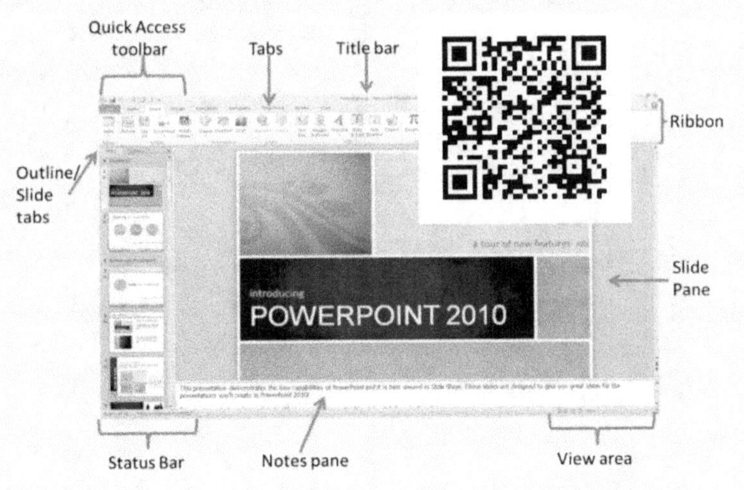
Quick Access toolbar
Tabs
Title bar
Ribbon
Outline/ Slide tabs
Slide Pane
introducing
POWERPOINT 2010
Status Bar
Notes pane
View area

MS Paint

Microsoft
W
FEATURES OF
MS WORD
IN HINDI
WHAT IS MS WORD
HISTORY OF MS WORD
FEATURES OF MS WORD

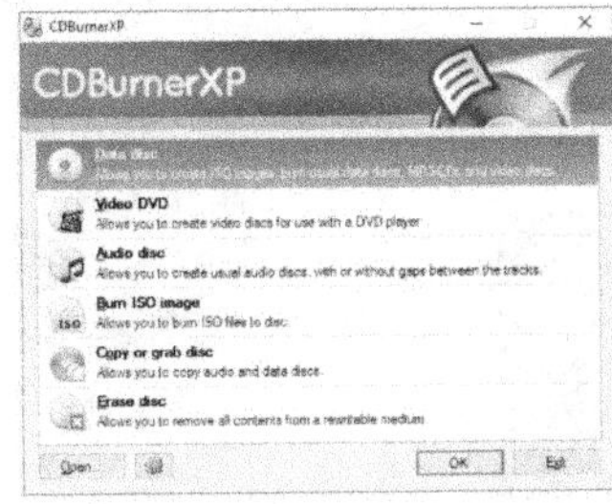

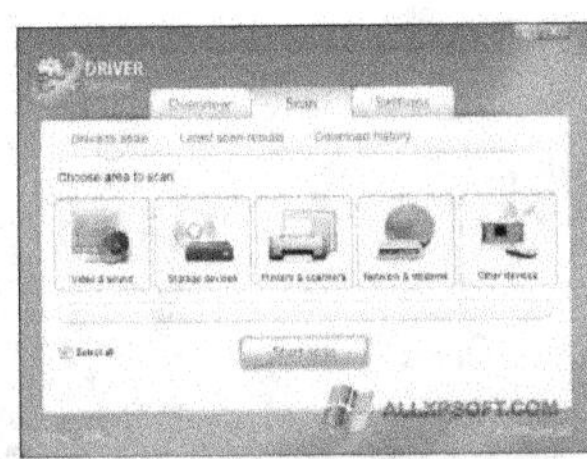

Top Linux OS
ZORIN OS
KALI

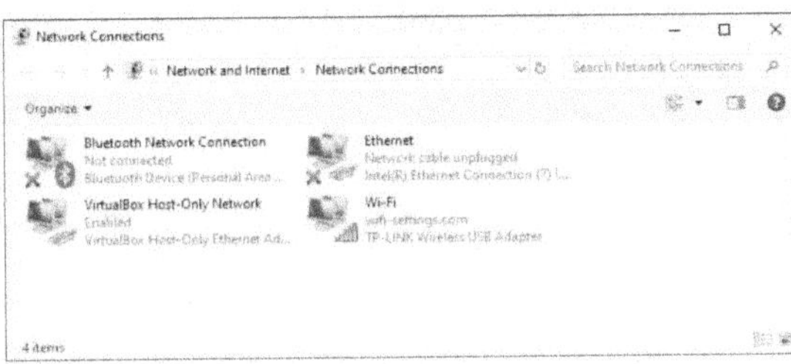

Software Installation

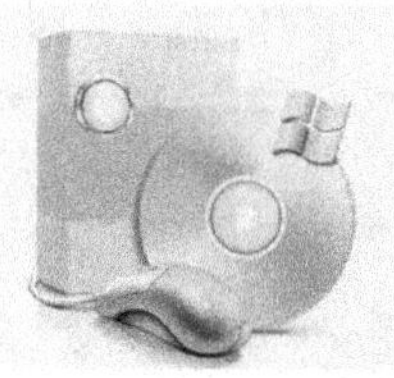

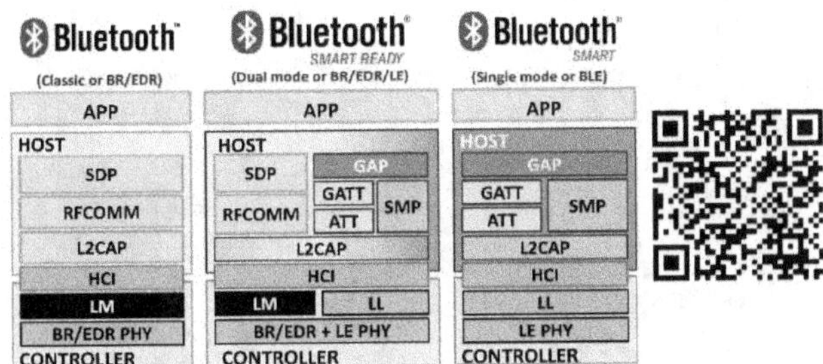

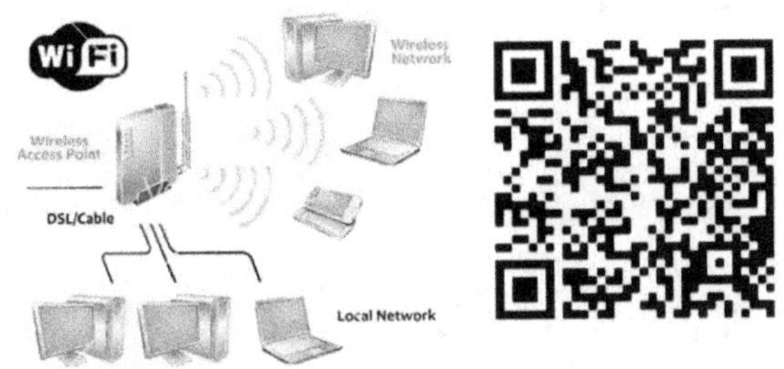

What is a Browser – Definition and Types

What is
Email?

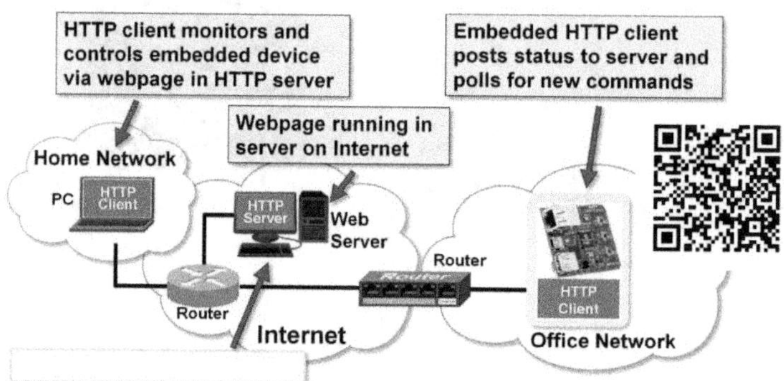
HTTP client monitors and
controls embedded device
via webpage in HTTP server
Embedded HTTP client
posts status to server and
polls for new commands
Webpage running in
server on Internet
Home Network
PC
HTTP
Client
HTTP
Server
Web
Server
Router
Router
Internet
HTTP
Client
Office Network

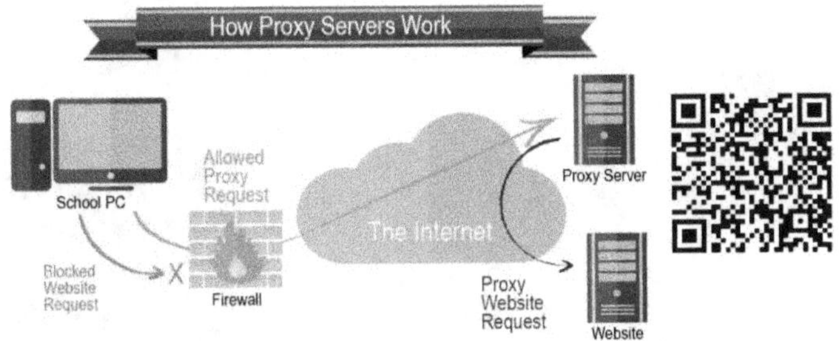
How Proxy Servers Work
School PC
Allowed Proxy Request
Blocked Website Request
Firewall
The Internet
Proxy Server
Proxy Website Request
Website

WWW
What is WWW?

Full HTML & CSS Website
World's Biggest University

Domain-Name-System

Domain-Name-System

TYPES OF
E-COMMERCE
BY PRODUCTS
• Physical goods
• Digital goods
• Services
• Affiliates
BY
REVENUE MODEL
• Wholesaling
• White labeling
• Drop-shipping
• Subscription
Model
BY
BUSINESS MODEL
• B2B
• B2C
• C2B
• C2C

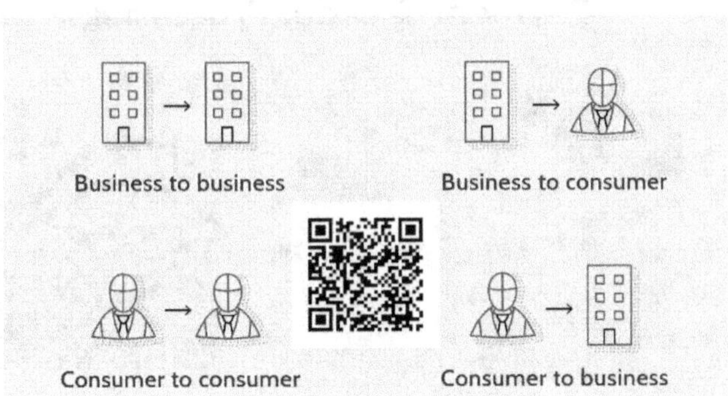
Business to business
Business to consumer
Consumer to consumer
Consumer to business

Payment & Order Processing

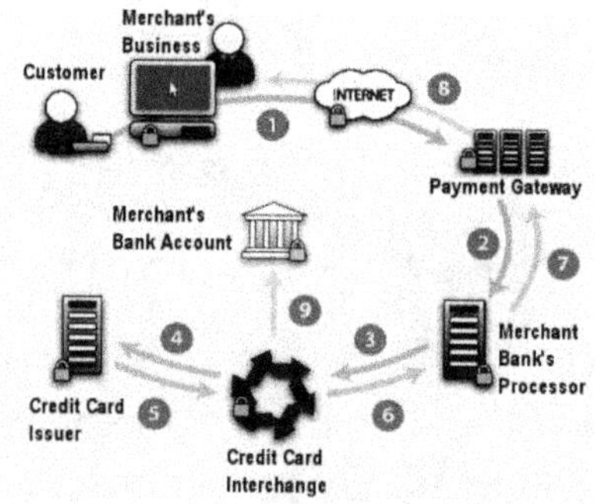

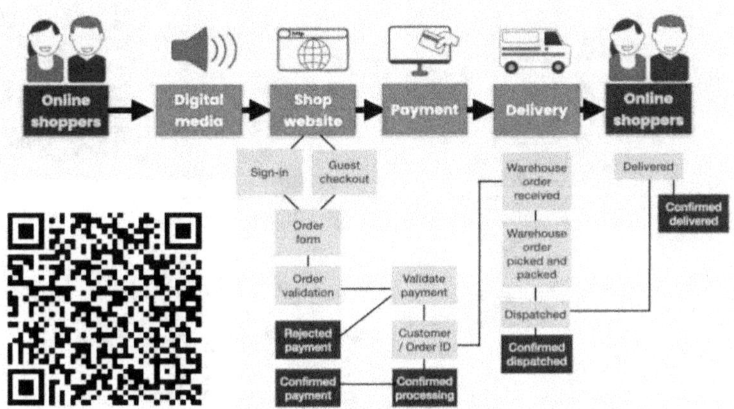
Order to delivery : ideal experience
Online shoppers
Digital media
Shop website
Payment
Delivery
Online shoppers
Sign-in
Guest checkout
Order form
Order validation
Validate payment
Rejected payment
Customer / Order ID
Confirmed payment
Confirmed processing
Warehouse order received
Warehouse order picked and packed
Dispatched
Confirmed dispatched
Delivered
Confirmed delivered

Top 8 Best Payment Gateways for Your Online Store
PayPal
Razorpay
stripe
Braintree
authorize net
Paytm
instamojo
CC-Avenue
PAYMENTS
$200

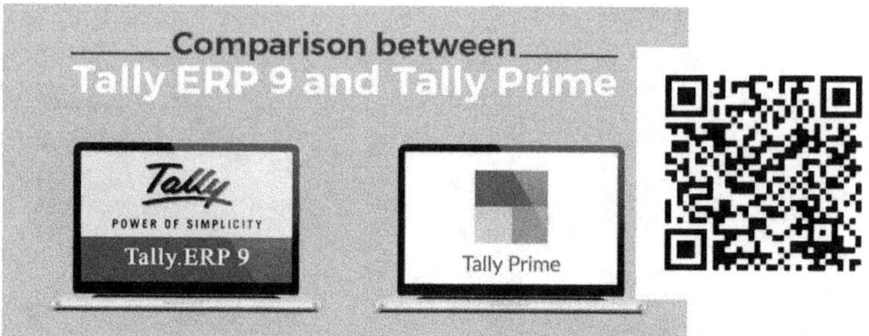
Comparison between
Tally ERP 9 and Tally Prime
Tally
POWER OF SIMPLICITY
Tally.ERP 9
Tally Prime

Social
Networking
Sites
SOCIAL MEDIA
MARKETING

CYBER SECURITY

2

एम्प्लॉयबिलिटी स्किल्स हिंदी MCQ

1] एक फिर से शुरू __________ होना चाहिए

ए] संक्षिप्त और सटीक

बी] फैंसी और रंगीन

सी] लंबी और विस्तृत जानकारी होना

डी] शब्दकोष और संक्षेप में

उत्तर = ए

2] ए] नौकरी में किए जाने वाले कर्तव्यों और जिम्मेदारियों का लिखित विवरण डी] को __________ कहा जाता है

ए] सीवी

बी] नौकरी का विवरण

सी] फिर से शुरू

डी] नौकरी आवेदन

उत्तर = बी

3] कर्तव्यों और जिम्मेदारियों का एक लिखित विवरण जिसे किया जाना हैD] ए] नौकरी में __________ कहा जाता है

ए] सीवी

बी] फिर से शुरू

सी] नौकरी का विवरण

डी] नौकरी आवेदन

उत्तर = सी

4] साक्षात्कार कॉल प्राप्त करने के बाद, अगला कदम क्या है?

ए] सेनडी] आवेदन पत्र

बी] फिर से शुरू तैयार करें

सी] साक्षात्कार में उपस्थित हों

डी] भेजें] फिर से शुरू करें

उत्तर = सी

5] दिए गए वाक्य के लिए उपयुक्त "wh" शब्द चुनें_ "___________ जानवर क्या आपको पसंद है?"

ए] जो

बी] क्यों

सी] जहां

डी] जब

उत्तर = ए

6] दिए गए वाक्य में "रोहन" शब्द के बाद सही विराम चिह्न चुनें_ "रोहन डेविड] और राम लुका-छिपी खेल रहे हैं"।

एक अल्पविराम (,)

बी] अवधि (_)

सी] स्लैश (/)

डी] हाइफ़न (-)

उत्तर = ए

7] दिए गए प्रश्न के लिए सही उत्तर चुनें। "क्या आप"?

ए] बहुत अच्छा, और आप?

बी] धन्यवाद, और आप?

सी] आप के समान

डी] छुट्टी पर, और आप?

उत्तर = ए

8] दिए गए प्रश्न का सही उत्तर चुनें "जब दुर्घटना हुई थी"?

ए] होटल में

बी] यात्रा के दौरान

सी] कल रात 10:30 बजे

डी] मेज पर

उत्तर = सी

9] क्रिया का सही काल चुनें। "मैं ___________musiC] जब मैं बच्चा था।"

ए] सीखो

बी] सीख रहा हूँ

सी] सीखेगा

डी] सीखा

उत्तर = डी

10] पाठ्यचर्या जीवन (CV) को ___________ के रूप में भी जाना जाता है

एक फिर से शुरू

बी] नौकरी का विवरण

सी] कवर लेटर

डी] आवेदन पत्र

उत्तर = ए

11] पाठ्यचर्या जीवन को ___________ के रूप में भी जाना जाता है

ए] परिपत्र

बी] फिर से शुरू

सी] नौकरी आवेदन पत्र

डी] आवेदन छोड़ें

उत्तर = बी

12] तुलनात्मक विशेषण के साथ रिक्त स्थान भरें_ "आपकी पेंसिल मेरी से ___________ है"।

ए शार्प

बी] तेज

सी] कुंद

डी] मोटा

उत्तर = बी

13] क्रिया के सही भविष्य काल के साथ रिक्त स्थान भरें] "हम ___________ नाश्ते के बाद चिड़ियाघर जाते हैं"

ए] गया

बी] जा रहे हैं

सी] गया था

डी] जाएगा

उत्तर = डी

14] रिक्त स्थान को सही शब्द से भरें "वे _________ अच्छे दोस्त हैं"

ए] is

बी] एम

ध्यान

डी] था

उत्तर = सी

15] क्रिया के वर्तमान प्रगतिशील काल के साथ रिक्त स्थान भरें] "ट्रेन ___________ सुरंग के माध्यम से"

ए] उत्तीर्ण

बी] गुजर रहा है

सी] पारित किया था

डी] गुजर रहा था

उत्तर = बी

16] उचित प्रश्नवाचक विशेषण के साथ रिक्त स्थान भरें "___________ क्या आप जा रहे हैं?

ए] कौन

बी] जहां

सी] जो

डी] क्या

उत्तर = बी

17] उचित सर्वनाम के साथ रिक्त स्थान भरें "मैंने यह केक बनाया ___________"

ए] खुद

हमारे द्वारा

सी] खुद

डी] स्वयं

उत्तर = ए

18] उचित सर्वनाम से रिक्त स्थान की पूर्ति कीजिए। "उसने यह केक ___________ बनाया है"

ए] स्वयं

बी] खुद

सी] खुद

डी] खुद

उत्तर = सी

19] उचित रिफ्लेक्सिव सर्वनाम के साथ रिक्त स्थान भरें। "उसने ___________ को चोट पहुंचाई है"

ए] खुद

बी] खुद

सी] खुद

डी] स्वयं

उत्तर = बी

20] दिए गए वाक्य के लिए उपयुक्त विशेषण के साथ रिक्त स्थान भरें "छोटी लड़की की ...... आंखें प्रकट डी] उसकी शरारत"

ए] गोल-मटोल

बी] कमजोर

सी] लघु दृष्टि डी]

डी] टिमटिमाना

उत्तर = डी

21] उपयुक्त स्थान के साथ रिक्त स्थान भरें _ "मेरा घर ___________ तीसरा मंजिल है"?

ए] अत

बी] में

सी] पर

डी] अंडर

उत्तर = सी

22] सही प्रश्न भरें शब्द _______________ समारोह में वक्ता है"?

एक क्या

बी] जब

सी] क्यों

डी] कौन

उत्तर = डी

23] निम्न स्तर की भाषा को ___________ भी कहा जाता है

ए] स्रोत कोड

बी] मध्य बर्तन

सी] मशीनी भाषा

डी] विधानसभा भाषा

उत्तर = सी

24] उच्चारण ___________ को संदर्भित करता है

ए] डिप्थॉन्ग

बी] व्यंजन

सी] विराम चिह्न

डी] ध्वनि का उत्पादन डी]

उत्तर = डी

25] निम्नलिखित शब्दों के सेट को अर्थपूर्ण वाक्य में पुनर्व्यवस्थित करें_ "शिक्षक / स्कूल / काम किया / वह / ए] / जैसा"

ए] स्कूल ने एक शिक्षक के रूप में काम किया

बी] उसने एक स्कूल शिक्षक के रूप में काम किया

सी] वह शिक्षक एक स्कूल के रूप में काम करती है

डी] उसने एक स्कूल शिक्षक के रूप में काम किया

उत्तर = बी

26] अचानक और प्रबल भावना को व्यक्त करने वाले शब्द को __________ कहा जाता है

ए] विराम चिह्न

बी] अंतःक्षेपण

सी] संयोजन

डी] एपोस्ट्रोफी

उत्तर = बी

27] जब आप शिक्षक, प्रशिक्षक या पर्यवेक्षक जैसे उच्च अधिकारियों का अभिवादन करते हैं, तो आपको ___________ का उपयोग करना चाहिए

ए] "गुड मॉर्निंग"

बी] "नमस्ते"

सी] "अरे"

डी] "हाय"

उत्तर = ए

28] "ANSWER" शब्द में एक मूक अक्षर कौन सा है?

ए] आर

होना

सी] एस

डी] वू

उत्तर = डी

29] चर्चा शिष्टाचार का "क्या करें" कौन सा है?

ए] अपना आपा ढीला करें

बी] दूसरों को सुनो

सी] अप्रासंगिक विवरण के बारे में बात करें

डी] असभ्य या अशिष्ट भाषा का प्रयोग करें

उत्तर = बी

30] चर्चा शिष्टाचार का "मत करो" कौन सा है?

ए] खुले दिमागी बनेंD

बी] मध्यम स्वर का प्रयोग करें

सी] दूसरों को सुनो

डी] अनावश्यक बहस करें

उत्तर = डी

31] कंप्यूटर का मस्तिष्क कौन सा है?

कुंजीपटल

बी] सीपीयू

सी] मॉनिटर

डी] हार्ड डिस्क

उत्तर = बी

32] कौन सा एक कार्डिनल नंबर है?

ए] 10

बी] वी

सी] VII

डी] XI

उत्तर = ए

33] कौन सा एक कार्डिनल नंबर है?

ए] एक्स

बी] द्वितीय

सी] चतुर्थ

डी] 3

उत्तर = डी

34] कौन सा एक कार्डिनल नंबर है?

ए] चतुर्थ

बी] 10 वीं

सी] 1

डी] 1

उत्तर = डी

35] कौन सा एक कार्डिनल नंबर है?

एक

बी] पांचवां

सी] आठवां

डी] दूसरा डी]

उत्तर = ए

36] कौन सा विस्मयादिबोधक वाक्य है?

ए] यह कितना सुंदर घर है!

बी] यह एक सुंदर घर है_

सी] क्या यह एक सुंदर घर है?

डी] आपका घर सुंदर है_

उत्तर = ए

37] कौन सक्रिय आवाज में है?

ए] राम ने परीक्षा उत्तीर्ण की है_

B] गेंद उसके द्वारा पकड़ी गई_

C] किताब पढ़ी जा रही थीD] उसके द्वारा_

D] हमें पिताजी ने घर भगाया था_

उत्तर = ए

38] निष्क्रिय आवाज में कौन सा है?

A] मोहन एक घर की पेंटिंग कर रहा है

बी] वह एक किताब पढ़ रही थी

C] उसका जन्मदिन मनाया गयाD हमारे द्वारा

डी] मैंने वह फिल्म देखी है

उत्तर = सी

39] कौन सा एक संयोजन नहीं है?

ए] एंडो

बी] ओर

सी] लेकिन

डॉन

उत्तर = डी

40] कौन-सा एक भूमिका निभाने का लाभ नहीं है?

ए] आत्मविश्वास बनाता है

बी] सुनने का कौशल विकसित करता है

सी] रचनात्मक समस्या सुलझाने के कौशल विकसित करता है

डी] बोरियत विकसित करता है

उत्तर = डी

41] कौन सा स्वर नहीं है?

ए] ए]

होना

सी] एफ

डी] मैं

उत्तर = सी

42] निम्नलिखित में से कौन एक अच्छा कार्यालय शिष्टाचार है?

ए] औपचारिक रूप से तैयार होना चाहिए

बी] किसी को काम करने के लिए समय का पाबंद नहीं होना चाहिए

सी] फैंसी मोबाइल रिंग टोन होना चाहिए

D] व्यक्ति को अपने कार्यस्थल पर कूड़ा डालना चाहिए

उत्तर = ए

43] जिस शब्द का उच्चारण किया जाता है D दूसरे शब्द के समान लेकिन अर्थ में भिन्न होता है उसे ___________ कहा जाता है

ए] होमोफोन

बी] होमोग्राफ

सी] डिप्थॉन्ग

डी] शब्दांश

उत्तर = ए

उद्यमिताकौशल MCQ
entrepreneurship-skills.png

1] एक व्यक्ति जो व्यवसाय की शुरुआत के साथ जुड़ा हुआ है, उसे .... कहा जाता है।

एक व्यापारी

बी] उद्यमी

सी] व्यवसायी

डी] सेल्स एग्जीक्यूटिव

उत्तर = बी

2] डी की तुलना में छोटे पैमाने के व्यवसाय के लिए, बड़े पैमाने के व्यवसाय की आवश्यकता होती है ....

ए] कम नहीं। व्यक्तियों का

बी] कम नहीं। पूंजी का

सी] अधिक नहीं। व्यक्ति का

डी] छोटी मशीनें और उपकरण

उत्तर = सी

3] उद्यमिता को D भी कहा जाता है.....

ए] निवेशक

बी] नियोक्ता

सी] स्वरोजगार

डी] रोजगार चाहने वाला

उत्तर = सी

4] मध्यम विनिर्माण उद्यमों के लिए, संयंत्र और मशीनरी में निवेश..... के बीच है।

ए] 10 लाख से 2 करोड़

बी] 25 लाख से 5 करोड़

सी] 2 करोड़ से 5 करोड़

डी] 5 करोड़ से 10 करोड़

उत्तर = डी

5] "SWOT" विश्लेषण में, "S" का अर्थ ....

सफलता

बी] ताकत

सी] सर्वेक्षण

डी] सेवा

उत्तर = बी

6] एक आर्थिक विकास में, उद्यमी की भूमिका ....

ए] बेरोजगारी उत्पन्न करें

बी] जीवन का स्थिर मानकडी

सी] प्रति व्यक्ति आय में सुधार

D] क्षेत्रीय विकास को असंतुलित करना

उत्तर = सी

7] एसडब्ल्यूओटी विश्लेषण में कौन सी जोड़ी सहायक है?

ए] ताकत, कमजोरी

बी] ताकत, अवसर

सी] धमकी, कमजोरी

डी] धमकी, अवसर

उत्तर = बी

8] कच्चे माल की खरीद, मजदूरी और वेतन का भुगतान, किराया, बिजली आदि में निवेश किया गया पैसा .... के अंतर्गत आता है।

ए] कार्यशील पूंजी

बी] फिक्सडी] पूंजी

सी] दीर्घकालिक पूंजी

डी] पूंजीगत आय

उत्तर = ए

9] एमएसएमई का अर्थ है ....

ए] सूक्ष्म, स्केल और मध्यम उद्यम

बी] मैक्रो, लघु और मध्यम उद्यम

सी] सूक्ष्म, लघु और मध्यम उद्यम

डी] लघु, लघु और मध्यम उद्यम

उत्तर = सी

10] Paid] विचारों, वस्तुओं और सेवाओं के रूप को .... कहा जाता है

ए] प्रचार

बी] सद्भावना

सी] सार्वजनिक संबंध

डी] विज्ञापन

उत्तर = डी

11] माल के उत्पादन में लगे उद्यमों को .... के रूप में जाना जाता है

ए] विनिर्माण उद्यम

बी] सेवा उद्यम

सी] सूक्ष्म उद्यम

डी] मैक्रो उद्यम

उत्तर = ए

12] सकल घरेलू उत्पाद का विस्तार ....

ए] सकल घरेलू उत्पाद

बी] गोदाम मांग उत्पाद

सी] ग्रैंड डिमांड उत्पाद

डी] विशाल डोमेस्टिक उत्पाद

उत्तर = ए

13] SIDO का विस्तार ....

ए] लघु उद्योग विकास संगठन

बी] लघु आय विकास संगठन

सी] लघु निवेश विकास संगठन

डी] मानकडी] उद्योग विकास संगठन

उत्तर = ए

14] विदेशी बाजारों तक पहुंच प्राप्त करने और संगठनों के हित को शीघ्रता से बढ़ावा देने के लिए किस दृष्टिकोण का उपयोग किया जाता है?

ए] लाइसेंसिंग

बी] सहयोग

सी] संयुक्त उद्यम

डी] प्रौद्योगिकी हस्तांतरण

उत्तर = सी

15] विनिर्माण उद्यमों की स्थिति तय करने के लिए किस निवेश पर विचार किया जाता है?

ए] कार्यशील पूंजी

बी] भवन और भूमि

सी] संयंत्र और मशीनरी

डी] कर्मचारियों का वेतन

उत्तर = सी

16] कौन सा एक सही चैनल है जिसके माध्यम से विपणक ग्राहकों तक पहुंच सकते हैं?

ए] निर्माण -> खुदरा विक्रेता -> थोक व्यापारी -> ग्राहक

बी] निर्माता -> ग्राहक -> खुदरा विक्रेता

सी] निर्माता -> खुदरा विक्रेता -> ग्राहक

डी] निर्माता -> खुदरा विक्रेता -> ग्राहक -> थोक व्यापारी

उत्तर = सी

17] कौन सा एक वेब आधारित डी एकाउंटिंग है

A] आधुनिक व्यवसाय के लिए डिज़ाइन किया गया सॉफ्टवेयरD?

बी] व्यस्त

सी] टैली

डी] विंग्स

उत्तर = सी

उत्पादकताएमसीक्यू

productivity.png

1] एटीएम का उपयोग करने के दौरान, ग्राहक द्वारा .... दर्ज करके प्रमाणीकरण प्रदान किया जाता है।

ए] नकद

बी] आईएफएससी]

सी] पिन

डी] केवाईसी]

उत्तर = सी

2] एटीएम का विस्तार ....

ए] एसिंक्रोनस टेलर मशीन

बी] स्वचालित डी टेलर मशीन

सी] स्वचालित डी टाइम मशीन

डी] स्वायत्त टाइम मशीन

उत्तर = बी

3] कम उत्पादकता के कारण ....

ए] नौकरी की सुरक्षा

बी] राजनीतिक स्थिरता

सी] प्रति व्यक्ति सकल घरेलू उत्पाद में कमी

डी] प्रति व्यक्ति सकल घरेलू उत्पाद में वृद्धि

उत्तर = सी

4] उत्पादन को परिभाषित किया गया हैD] ..... के अनुपात के रूप में।

ए] आउटपुट / इनपुट

बी] इनपुट / आउटपुट

सी] उत्पादन / कारीगरी का कौशल

डी] इनपुट / कारीगरी का कौशल

उत्तर = ए

5] उत्पादकता को .... के अनुपात के रूप में परिभाषित किया गया है

ए] आउटपुट / इनपुट

बी] इनपुट / आउटपुट

सी] कारीगरी का उत्पादन / कौशल

डी] कारीगरी का इनपुट / कौशल

उत्तर = ए

6] एटीएम का विस्तार ....

ए] स्वचालितडी] ट्यून मशीन

बी] स्वचालित डी] टेलर मशीन

सी] अतुल्यकालिक टेलर मशीन

डी] एसिंक्रोनस टाइम मशीन

उत्तर = बी

7] प्रक्रिया का उपयोग किया जाता हैडी] एक व्यवसाय द्वारा अपने ग्राहक की पहचान सत्यापित करने के लिए ......

ए] जीडीपी

बी] केवाईसी

सी] एटीएम

डी] टीएफपी

उत्तर = बी

8 स्वचालन का क्या लाभ है?

ए] कम डी] ऑपरेशन का समय

बी] उच्च प्रारंभिक लागत

सी] अप्रत्याशित विकास लागत

डी] सुरक्षा खतरे

उत्तर = ए

9 बेरोजगारी की दर क्या है यदि श्रम बल में 125 मिलियन लोग हैं, 100 मिलियन लोग कार्यरत हैंD और 25 मिलियन नहीं हैं?

ए] 25%

बी] 20%

सी] 17%

डी] 15%

उत्तर = बी

10 कौन सा बाजार वास्तविक मजदूरी और रोजगार निर्धारित करता है?

ए] पूंजी बाजार

बी] श्रम बाजार

सी] मुद्रा बाजार

डी] माल बाजार

उत्तर = बी

11 एक पूरे देश या क्षेत्र के आर्थिक प्रदर्शन को मापने के लिए D का उपयोग किसका किया जाता है?

ए] केवाईसी]

बी] जीडीपी

सी] टीएफपी

डी] एटीएम

उत्तर = बी

12 निम्नलिखित में से कौन शुद्ध जोखिम की श्रेणी नहीं है?

ए] संपत्ति जोखिम

बी] प्रौद्योगिकी जोखिम

सी] देयता जोखिम

डी] कार्मिक जोखिम

उत्तर = बी

13 निम्नलिखित में से कौन सा प्रोत्साहन का उद्देश्य नहीं है?

ए] बेहतर गुणवत्ता

बी] उत्पादन की उच्च लागत

सी] उच्च उत्पादन

डी] कम किया हुआ अपशिष्ट

उत्तर = बी

14 इनमें से कौन सा दस्तावेज केवाईसी] मानदंडों को पूरा करने के लिए स्वीकार्य नहीं है?

ए] वोटर आईडी] कारडी

बी] राशन कार्डडी

सी] आवासीय प्रमाण पत्र

डी] आय प्रमाण पत्र

उत्तर = डी

15 तेजी से राजस्व वृद्धि की अवधि कौन सी अवस्था है?

ए] विकास चरण

बी] परिपक्वता चरण

सी] गिरावट चरण

डी] परिचय चरण

उत्तर = ए

व्यावसायिकसुरक्षाएमसीक्यू
occupational-safety.png

1 ABC] प्रथम aid का ___________ के लिए है

ए] वायुमार्ग, रक्तस्राव और परिसंचरण

बी] वायुमार्ग, श्वास और परिसंचरण

सी] वायुमार्ग, रक्तस्राव और संपीड़न

डी] वायुमार्ग, श्वास और संपीड़न

उत्तर = बी

2 किस डेसिबल पर, ध्वनि डी खतरनाक ध्वनि प्रदूषण बन जाता है?

ए] 30 . से ऊपर

बी] 80 . से ऊपर

सी] 100 . से ऊपर

डी] 120 . से ऊपर

उत्तर = बी

3 भूकंप को _______________ नामक उपकरण से मापा जाता है

ए] टेलीग्राफ

बी] सिस्मोग्राफ

सी] ऑसिलोग्राफ

डी] बार ग्राफ

उत्तर = बी

4 हेड] सुरक्षा ____________ के माध्यम से की जाती है

हेलमेट

बी] काले चश्मे

सी] दस्ताने

डी] मुखौटा

उत्तर = ए

5 अग्निशामक विधि में] 'भुखमरी' ___________ है

ए] ऑक्सीजन की सीमा

बी] पानी डालना

सी] ईंधन का उन्मूलन

डी] तापमान में कमी

उत्तर = सी

6 नौकरी की चोटों और बीमारी पर, पैसा समय और प्रयास खर्च करें। इन नुकसानों को प्रबंधित करने का सबसे व्यावहारिक तरीका क्या है?

ए] सुनिश्चित करें कि सुरक्षा श्रम अनुबंधों का हिस्सा है

बी] आक्रामक दावों से निपटना

सी] अच्छा बीमा कवरेज

डी] प्रभावी सुरक्षा और हानि नियंत्रण कार्यक्रम

उत्तर = डी

7 ओजोन परत ___________ से बनी है

ए] एक ऑक्सीजन परमाणु

बी] दो ऑक्सीजन परमाणु

सी] तीन ऑक्सीजन परमाणु

डी] चार ऑक्सीजन परमाणु

उत्तर = सी

8 बेकार सामग्री का नए उपयोगी उत्पादों में पुनर्संसाधन _________ कहलाता है

ए] अपशिष्ट पदार्थ का पुन: उपयोग

बी] सामग्री का पुनर्चक्रण

सी] ठोस कचरे का प्रबंधन

डी] कच्चे माल के उपयोग में कमी

उत्तर = बी

9 सजीवों का उनके पर्यावरण के संबंध में अध्ययन .... कहलाता है।

ए] पारिस्थितिकी तंत्र

बी] अर्थशास्त्र

सी] पारिस्थितिकी

डी] पारिस्थितिकी

उत्तर = सी

10 पर्यावरण को बचाने के लिए तीन आर हैं ....

ए] रिजर्व, कम करें, रीसायकल करें

बी] पुन: उपयोग, रिजर्व, कम करें

सी] रिजर्व, पुन: उपयोग, कम करें

डी] कम करें, रीसायकल करें, पुन: उपयोग करें

उत्तर = डी

11 कंपन और विकिरण ________ के अंतर्गत आते हैं

ए] रासायनिक खतरे

बी] शारीरिक खतरे

सी] बिजली के खतरे

डी] मनोवैज्ञानिक खतरे

उत्तर = बी

12 कौन सा एक आदमी प्रेरित खतरा है?

एक भूस्खलन

बी] चक्रवात

सी] ज्वालामुखी

डी] भूकंप

उत्तर = ए

13 कौन सा है A] गैर-नवीकरणीय ऊर्जा संसाधन?

ए] सौर

बी] कोयला

सी] मीथेन

डी] हाइड्रोइलेक्ट्रिक सी

उत्तर = बी

14 काम के लिए कौन सी असुरक्षित स्थिति है?

ए] ऑयली फ्लोर

बी] अच्छी रोशनी

सी] उचित उपकरण

डी] पर्याप्त वेंटिलेशन

उत्तर = ए

15 काम के लिए कौन सी असुरक्षित स्थिति है?

ए] अच्छी रोशनी

बी] उचित उपकरण

सी] पर्याप्त वेंटिलेशन

डी] कौन सा कारक व्यावसायिक स्वास्थ्य और सुरक्षा से संबंधित नहीं है?

उत्तर = ए

16 ग्लोबल वार्मिंग के लिए जिम्मेदार मुख्य ग्रीनहाउस गैस कौन सी है?

ए] हाइड्रोजन

बी] ऑक्सीजन

सी] नाइट्रोजन

डी] कार्बन डाइऑक्साइड

उत्तर = डी

17 निम्नलिखित में से कौन-सा एक एर्गोनोमीसी खतरा नहीं है?

ए] अजीब स्थिति

बी] खराब हाउसकीपिंग

सी] भावनात्मक गड़बड़ी

डी] मशीनरी का गलत लेआउट

उत्तर = सी

18 निम्न में से कौन 3 R का भाग नहीं है?

ए] कम करें

बी] रीसायकल

सी] पुनर्जन्म

डी] पुन: उपयोग

उत्तर = सी

श्रमकल्याणकानून MCQ

labour-welfare-legislation.png

1 कारखाना अधिनियम, 1948 के अनुसार कारखाने में कैंटीन प्रदान की जानी चाहिए यदि, श्रमिक .... से अधिक हैं

ए] 100

बी] 250

सी] 500

डी] 1000

उत्तर = बी

2 फैक्ट्री एक्ट के तहत महिलाओं के काम करने के समय पर प्रतिबंध ....

ए] सुबह 5 बजे से पहले और शाम 7 बजे के बाद

बी] सुबह 6 बजे से पहले और शाम 7 बजे के बाद

C] सुबह 6 बजे से पहले और शाम 8 बजे के बाद

डी] सुबह 7 बजे से पहले और शाम 8 बजे के बाद

उत्तर = बी

3 कारखाना अधिनियम के तहत, श्रमिकों के साप्ताहिक घंटे .... से अधिक नहीं होने चाहिए।

ए] 60 घंटे

बी] 50 घंटे

सी] 48 घंटे

डी] 40 घंटे

उत्तर = सी

4 ILO का विस्तार क्या है?

ए] अंतर्राष्ट्रीय श्रम संगठन

बी] भारतीय श्रम संगठन

सी] भारतीय श्रम व्यवसाय

डी] अंतर्राष्ट्रीय श्रम व्यवसाय

उत्तर = ए

5 ईपीएफ अधिनियम, 1962 के अनुसार बेसिक] वेतन से कर्मचारी के योगदान का न्यूनतम प्रतिशत क्या है?

ए] 8.50%

बी] 9%

सी] 12%

डी] 12.50%

उत्तर = सी

6 भुगतान मजदूरी अधिनियम के अनुसार "मजदूरी" राशि में कौन सी राशि शामिल है?

ए] महंगाई भत्ता

बी] कोई यात्रा भत्ता

सी] ओवरटाइम के संबंध में देय कोई पारिश्रमिक

डी] किसी भी पुरस्कार के तहत देय कोई पारिश्रमिकD

उत्तर = ए

7 कौन सा कारक D व्यावसायिक स्वास्थ्य और सुरक्षा से संबंधित नहीं है?

ए] सुरक्षा

बी] स्वास्थ्य

सी] कल्याण

डी] वेतन

उत्तर = डी

8 निम्नलिखित में से कौन एक वायु प्रदूषक है?

ए] ऑक्सीजन

बी] नाइट्रोजन

सी] कार्बन डाइऑक्साइड

डी] कार्बन मोनोऑक्साइड

उत्तर = डी

9 अधिनियम की कौन सी योजना श्रमिकों के लिए स्वास्थ्य बीमा आवश्यकताओं को प्रदान करती है?

ए] कारखाने अधिनियम

बी] वृक्षारोपण श्रम अधिनियम

सी] कर्मचारी मुआवजा अधिनियम

D] कर्मचारी राज्य बीमा अधिनियम

उत्तर = डी

गुणवत्ताउपकरणएमसीक्यू
quality-tools.png

1 फिशबोन चार्ट को .... के रूप में भी जाना जाता है।

ए] कारण और प्रभाव आरेख

बी] स्कैटर आरेख

सी] नियंत्रण चार्ट

डी] हिस्टोग्राम

उत्तर = ए

2 पीडीसीए चक्र में, 'पी' का अर्थ .... है।

एक प्रक्रिया

बी] योजना

सी] समस्या

डी] प्रक्रिया

उत्तर = बी

3 क्यूएमएस का विस्तार ....

ए] गुणवत्ता प्रबंधन मानकडी

बी] गुणवत्ता मापन मानकडी

सी] गुणवत्ता मापन प्रणाली

डी] गुणवत्ता प्रबंधन प्रणाली

उत्तर = डी

4 पीडीसीए] का अर्थ है ....

ए] योजना, विकास, नियंत्रण, अधिनियम

बी] योजना, करो, जांचें, अधिनियम

सी] योजना, विकास, जांच, अधिनियम

डी] योजना, करो, नियंत्रण,

अधिनियम उत्तर = बी

5 लोकप्रिय गुणवत्ता वाले उपकरणों की कुल संख्या है....

ए] 9

बी] 8

सी] 7

डी] 6

उत्तर = सी

6 "सेरी" का क्या अर्थ है?

ए] छंटनी

बी] आत्म-अनुशासन

सी] मानकीकरण

डी] व्यवस्थित व्यवस्था

उत्तर = ए

7 गुणवत्ता उपकरणों में "हिस्टोग्राम" का क्या कार्य है?

ए] समस्या क्षेत्र को कम करेंए

बी] असतत कारणों का प्रभाव

सी] वितरण के आकार को दर्शाता है

डी] समस्या के कारकों का आकलन करें

उत्तर = सी

8 ISO 9001 पंजीकरण में अंतिम चरण क्या है?

ए] सुधारात्मक और निवारक कार्रवाई

बी] आंतरिक लेखा परीक्षा

सी] प्रबंधन समीक्षा बैठक

डी] प्रमाणन और लेखा परीक्षा

उत्तर = डी

9 "अपशिष्ट" शब्द के लिए प्रयुक्त D नाम क्या है?

ए] मुडा]

बी] मुरा]

सी] मुरी

डी] मूसा]

उतर = ए

10 गुणवत्ता को मापने के लिए कौन सा सूत्र सही है

ए] क्यू = पी / क्यू

बी] क्यू = क्यू / ई

सी] ई = ई / पी

डी] पी = क्यू / पी

उतर = ए

11 कौन सा एक गुणवत्ता सर्कल में उपयोग किया जाने वाला एक बुनियादी उपकरण नहीं है?

ए] हिस्टोग्राम

बी] पारेतो चार्ट

सी] चेक शीट

डी] टोक़ रिंच

उतर = डी

12 कौन सा प्रमाणित आईएसओ मानक नहीं है?

ए] आईएसओ 9010

बी] आईएसओ 9001

सी] आईएसओ 9002

डी] आईएसओ 9003

उतर = ए

13 निम्न में से कौन-सा एक गुण की विशेषता नहीं है?

ए] गुणवत्ता नियंत्रण

बी] डिजाइन की गुणवत्ता

सी] आश्वासन की गुणवत्ता

डी] गैर-अनुरूपता की गुणवत्ता

उतर = डी

14 गुणवत्ता गुरु डॉ. जेएम जुरान ने गुणवत्ता का कौन सा कथन कहा था?

A] गुणवत्ता का लक्ष्य होना चाहिएD

बी] गुणवत्ता उपयोग के लिए फिटनेस है

सी] गुणवत्ता पैसे के लिए मूल्य है

डी] गुणवत्ता आवश्यकता के अनुरूप है

उतर = बी

आईटीसाक्षरताएमसीक्यू

it-literacy.png

प्रश्न 1. निम्नलिखित में से कौन स्मृति की सबसे बड़ी इकाई है?

ए] <u>गीगाबाइट।</u>

बी] बाइट्स।

सी] मेगाबाइट्स।

डी] किलोबाइट्स।

प्रश्न 2. सॉफ्टवेयर का प्राथमिक उद्देश्य डेटा को चालू करना है।

एक वेबसाइट।

बी] <u>सूचना।</u>

सी] कार्यक्रम।

डी] ऑब्जेक्ट्स।

प्रश्न 3. जीयूआई के लिए खड़ा है

ए] <u>ग्राफिकलयूजरइंटरफ़ेस।</u>

बी] ग्रेटर यूजर इंटरफेस।

सी] ग्राफिकल यूनियन इंटरफेस।

डी] ग्राफिकल यूजर इंटरेस्ट।

प्रश्न 4. की-बोर्ड की जिन पर तीर होता है, कहलाती है -

ए] फ़ंक्शन कुंजियाँ।

बी] <u>नेविगेशनकुंजियाँ।</u>

सी] टाइपराइटर कुंजी।

डी] विशेष प्रयोजन कुंजी।

प्रश्न 5. ASSCII, EBCDIC और यूनिकोड एप्लीकेशन सॉफ्टवेयर के उदाहरण हैं

सत्य।

बी <u>] झूठा।</u>

प्रश्न 6. विंडोज़ ऑपरेटिंग सिस्टम में स्क्रीन के किसी भी हिस्से को एक्सेस करने का सबसे आसान तरीका है।

कुंजीपटल।

बी] चूहा।

सी] <u>चूहा।</u>

डी]] जॉयस्टिक।

प्रश्न 7. एक सॉफ्टवेयर को a . भी कहा जाता है

एक प्रक्रिया।

बी] डेटा।

सी] <u>कार्यक्रम।</u>

डी] सूचना।

प्रश्न 8. मूल फ़ाइलें क्षतिग्रस्त या खो जाने की स्थिति में बैक प्रोग्राम उपयोग की जाने वाली फ़ाइलों की प्रतिलिपियाँ बनाते हैं।

ए] <u>सत्य।</u>

बी] झूठा।

प्र.9. माइक्रोप्रोसेसर को अक्सर CPU कहा जाता है

ए] <u>सत्य।</u>

बी] झूठा।

प्र.10. यूटिलिटी हार्ड डिस्क पर अनावश्यक फाइलों की पहचान करती है और यूज़र कमांड के आधार पर उन्हें मिटा देती है।

एक बैकअप।

बी] फ़ाइल संपीड़न।

सी] प्रोग्राम अनइंस्टॉल करें।

डी]] <u>डिस्ककीसफाई।</u>

प्रश्न 11. इस प्रकार का सॉफ्टवेयर आपको अधिक उत्पादक कार्यों में मदद करने के लिए डिज़ाइन किया गया है, और लगभग हर डिस्क लाइव और व्यवसाय में व्यापक रूप से उपयोग किया जाता है।

ए] संचार सॉफ्टवेयर।

बी] उपयोगिता सॉफ्टवेयर।

सी] <u>बेसिकएप्लीकेशनसॉफ्टवेयर।</u>

डी] सिस्टम सॉफ्टवेयर।

प्रश्न 12. मिनी कंप्यूटर के रूप में भी जाना जाता है।

ए] <u>मिडरेंजकंप्यूटर।</u>

बी] पर्सनल डिजिटल कंप्यूटर।

सी] मेनफ्रेम कंप्यूटर।

डी] लैपटॉप कंप्यूटर।

प्रश्न 13. कंप्यूटर पर फास्ट गेम खेलने के लिए निम्न में से किस डिवाइस का उपयोग किया जाता है।

ए] सतह को स्पर्श करें।

बी] टच स्क्रीन.2

सी] ट्रैक बॉल।

डी] <u>जॉयस्टिक।</u>

प्रश्न 14. निम्नलिखित में से किसे पोर्टेबल कंप्यूटर नहीं माना जाएगा।

ए] <u>डेस्कटॉपकंप्यूटर।</u>

बी] नोट बुक कंप्यूटर।

सी] व्यक्तिगत डिजिटल सहायक।

डी] इनमें से कोई नहीं।

प्र.15. हेडफोन एक विशिष्ट आउटपुट डिवाइस है।

ए] <u>सच।</u>

बी] झूठा।

प्रश्न 16. अनइंस्टॉल प्रोग्राम कंप्यूटर में इंस्टॉल किए गए अवांछित प्रोग्राम को हटाने में हमारी मदद करते हैं।

ए] <u>सच।</u>

बी] झूठा।

प्रश्न 17. स्टोरेज डिवाइस की क्षमता को आमतौर पर बाइट्स के रूप में मापा जाता है।

ए] <u>सच।</u>

बी] झूठा।

प्रश्न 18. स्टोरेज डिवाइस की क्षमता को आमतौर पर मीटर के रूप में मापा जाता है।

सत्य।

बी] <u>झूठा।</u>

Q.19............ एक पॉइंटिंग डिवाइस है।

ए] <u>माउस।</u>

बी] प्रिंटर।

सी] स्कैनर।

डी] कीबोर्ड।

प्र.20. F1, F2 वगैरह लेबल वाली की-बोर्ड कीज को ....

ए] <u>फ़ंक्शनकुंजियां।</u>

बी] संख्यात्मक कुंजी।

सी] टाइपराइटर कुंजी।

डी] विशेष प्रयोजन कुंजी।

प्रश्न 21. कैप्स लॉक जैसी कुंजीपटल कुंजियाँ जो सुविधाओं को चालू या बंद करती हैं, कहलाती हैं।

ए] फ़ंक्शन कुंजियाँ।

बी] संयोजन कुंजी।

सी] कुंजियाँटॉगलकरें।

डी] विशेष प्रयोजन कुंजी।

प्रश्न 22. वर्ड प्रोसेसिंग, इलेक्ट्रॉनिक स्प्रेड शीट, डेटाबेस मैनेजर और ग्राफिक्स प्रोग्राम सभी को शीर्षक के तहत समूहीकृत किया जाता है।

ए] ब्राउजिंग प्रोग्राम।

बी] ऑपरेटिंग सिस्टम।

सी] एप्लीकेशनसॉफ्टवेयर।

डी] डेटा और सूचना।

प्रश्न 23. कीबोर्ड, माउस, मॉनिटर और सिस्टम यूनिट को सामूहिक रूप से के रूप में भी जाना जाता है

ए] ठोस बर्तन।

बी] सॉफ्टवेयर।

सी] हार्डवेयर।

डी] फर्म वेयर।

प्रश्न 24. मॉनिटर स्क्रीन पर इमेज के आउटपुट को अक्सर सॉफ्ट कॉपी कहा जाता है।

ए] सच।

बी] झूठा।

प्र.25. बाइनरी नंबरिंग सिस्टम में प्रत्येक 0 और 1 को बिट कहा जाता है।

ए] सच।

बी] झूठा।

प्रश्न 26. कैच मेमोरी का उपयोग रैम से सबसे अधिक बार एक्सेस की गई जानकारी को स्टोर करने के लिए किया जाता है।

ए] सच।

बी] झूठा।

प्रश्न 27. सिस्टम बोर्ड को मुख्य बोर्ड या मदर बोर्ड के रूप में भी जाना जाता है।

ए] सच।

बी] झूठा।

प्रश्न 28. ASSCII, EBCDIC और यूनिकोड बाइनरी कोडिंग स्कीम हैं।

ए] सच।

बी] झूठा।

प्रश्न 29. की-बोर्ड पर 0-9 लेबल वाली कीज कहलाती हैं।

ए] फ़ंक्शन कुंजियाँ।

बी] संख्यात्मककुंजी।

सी] टाइपराइटर कुंजी।

डी] विशेष प्रयोजन कुंजी।

प्रश्न 30. सीडी रोम का मतलब कॉम्पैक्ट डिस्क रीड ओनली मेमोरी है।

ए] सच।

बी] झूठा।

प्रश्न 31. .... में चरण-दर-चरण परिचय होता है जो कंप्यूटर को कार्य को पूरा करने का तरीका बताता है।

ए] कार्यक्रम।

बी] हार्डवेयर।

सी] डेटा।

डी] ऑब्जेक्ट्स।

प्रश्न 32. सीडी-आर का मतलब सीडी-रिकॉर्डेबल है।

ए] सत्य।

बी] झूठा।

Q.33....... एक बैकग्राउंड सॉफ्टवेयर है जो कंप्यूटर को उसके आंतरिक संसाधनों का प्रबंधन करने में मदद करता है।

ए] सिस्टमसॉफ्टवेयर।

बी] सूचना।

सी] ऑब्जेक्ट्स।

डी] इनमें से कोई नहीं।

प्रश्न 34. प्रिंटर का उपयोग करके प्राप्त छवि के आउटपुट को हार्ड कॉपी कहा जाता है।

ए] सत्य।

बी] झूठा।

प्रश्न 35. फ़ाइल संपीड़न प्रोग्राम निम्नलिखित हैं, EXCEPT

ए] जिप जीतो।

बी] छापेमारी

सी] आरएआर जीतो।

डी] पीके ज़िप।

प्रश्न 36. डिस्क पर एक ट्रैक कई गोलाकार रिंग क्षेत्रों में से एक है जहां डेटा चुंबकीय रूप से लिखा जाता है।

ए] सत्य।

बी] झूठा।

प्रश्न 37. फ्लॉपी डिस्क रिमूवेबल स्टोरेज मीडिया हैं।

ए] सत्य।

बी] झूठा।

प्रश्न 38. जिन कीबोर्ड कुंजियों पर तीर होते हैं, उन्हें कहा जाता है।

ए] फ़ंक्शन कुंजियाँ।

बी] संयोजन कुंजी।

सी] नेविगेशनकुंजियाँ

डी] विशेष प्रयोजन कुंजी।

प्रश्न 39. माइक्रोप्रोसेसर को अक्सर सीपीयू कहा जाता है।

ए] सच।

बी] झूठा।

प्र.40. आठ बिट एक काट बनाते हैं।

ए] सत्य।

बी] झूठा।

प्रश्न 41. मॉनिटर स्क्रीन पर इमेज के आउटपुट को अक्सर हार्ड कॉपी कहा जाता है।

ए] सत्य।

बी] झूठा।

Q.42............ ग्राफिकल ऑब्जेक्ट हैं जिनका उपयोग आमतौर पर उपयोग किए जाने वाले एप्लिकेशन को दर्शाने और खोलने के लिए किया जाता है।

ए] जीयूआई।

बी] प्राइमर'।

सी] विंडोज एनटी।

डी] प्रतीक।

प्रश्न 43. CD-ROM का अर्थ है CD-RW।

सत्य।

बी] असत्य।

प्रश्न 44. RAM में संग्रहीत डेटा है

ए] गैर-वाष्पशील है।

बी] बिजलीचालूहोनेपरहीवहांहै।

सी] बिजली बंद होने के कुछ मिनट बाद ही रहता है।

डी] स्थायी है और केवल बिजली की विफलता में खो गया है।

प्रश्न 45. CD-R,CD-क्षेत्रीय के लिए खड़ा है।

सत्य।

बी] असत्य।

प्रश्न 46. मॉनिटर का प्राथमिक कार्य उपयोगकर्ता को सूचना प्रदर्शित करना है।

ए] सत्य।

बी] झूठा।

प्रश्न 47. रैंडम एक्सेस मेमोरी] रैम। है .... स्मृति का प्रकार है।

एक स्थायी।

बी] अस्थायी।

सी] फ्लैश।

डी] स्मार्ट।

Q.48 कंप्यूटर की बाहरी मेमोरी मदरबोर्ड पर स्लॉट के रूप में मौजूद होती है।

ए] असत्य।

बी] सच।

Q.49 कंप्यूटर की इंटरनल मेमोरी मदरबोर्ड पर चिप्स के रूप में मौजूद होती है

ए] सच।

बी] झूठा।

Q.50 कैश मेमोरी का उपयोग रैम से सबसे अधिक बार एक्सेस की गई जानकारी को स्टोर करने के लिए किया जाता है।

ए] सत्य।

बी] झूठा।

प्रश्न 1. "सिस्टम दिनांक" और "सिस्टम समय" कंप्यूटर की आंतरिक घड़ी द्वारा अनुरक्षित दिनांक और समय हैं।

ए] सच

बी] झूठा

प्रश्न 2. डिस्क क्लीनअप का उपयोग आपकी फ़ाइलों को पुनर्व्यवस्थित करने के लिए किया जाता है ताकि वे टूट न जाएं।

सत्य

बी] झूठा

प्रश्न 3. Window Vista में एक फोल्डर सिस्टम को "Directory System" भी कहा जाता है।

ए] सच

बी] झूठा

प्रश्न 4. "आरटीएफ" का अर्थ है "रिच टेक्स्ट फॉर्मेट"

ए] सच

बी] झूठा

प्रश्न 5. विंडोज विस्टा का उपयोग कैसे करें, समस्या निवारण जानकारी प्राप्त करने, समर्थन प्राप्त करने आदि के बारे में जानने के लिए आप .... पर क्लिक कर सकते हैं।

एक खोज"

बी] "विंडोज"

सी] "शुरू"

डी] "सहायताऔरसमर्थन"

प्रश्न 6. एमएस पेंट में घुमावदार रेखा खींचने के लिए, हमें .... आइकन पर क्लिक करना होता है।

ए] "वक्र"

बी] "लाइन"

सी] "बहुभुज"

डी] "आयत"

प्रश्न 7. .... का अर्थ है मुद्रित किए जाने वाले वर्णों की ऊंचाई और चौड़ाई।

ए] "फ़ॉन्टआकार"

बी] "सीमा"

सी] "सेल"

डी] "फ़ॉन्ट शैली"

प्रश्न 8. एक बटन है जो "टाइटल बार" पर मौजूद नहीं है।

ए] छोटा करें

बी] प्रारंभ

सी] अधिकतम करें

डी] बंद करें

प्र.9. डिस्क डीफ़्रेग्मेंटर का उपयोग आपकी हार्ड डिस्क पर अनावश्यक फ़ाइलों को हटाने के लिए किया जाता है ताकि स्थान खाली हो सके और आपका कंप्यूटर तेज़ी से चल सके।

सत्य

बी] झूठा

प्र.10. अपने चित्र का आकार बदलने के लिए, मेनू से "छवि विशेषताएँ" चुनें।

ए] सच

बी] झूठा

प्रश्न 11. कैलकुलेटर एप्लिकेशन शुरू करने के लिए "स्टार्ट" पर क्लिक करें और "ऑल प्रोग्राम एक्सेसरीज कैलकुलेटर" चुनें।

ए] सच

बी] झूठा

प्रश्न 12. .... का उपयोग बड़े और जटिल टेक्स्ट दस्तावेज़ बनाने और प्रारूपित करने के लिए किया जा सकता है।

कैलकुलेटर"

बी] "वर्डपैड"

सी] "नोटपैड"

डी] "टेक्स्ट पैड"

प्रश्न 13. नोटपैड एक बुनियादी पाठ संपादक है जिसका उपयोग साधारण दस्तावेज़ बनाने के लिए किया जा सकता है।

ए] सच

बी] झूठा

प्रश्न 14. एक फोल्डर सिस्टम को "................" भी कहा जाता है।

ए] "दिशा प्रणाली"

बी] "निर्देशिकाप्रणाली"

सी] "निर्देशिका सूची"

डी] "फोल्डर बुक"

प्र.15. किसी फ़ोल्डर के भीतर एक फ़ोल्डर को "फ़ोल्डर सूची" के रूप में जाना जाता है।

सत्य

बी] झूठा

प्रश्न 17. A............ एक कंटेनर की तरह है जिसमें आप फाइलों को स्टोर कर सकते हैं।

ए] "आइकन"

बी] "दस्तावेज़"

सी] "फ़ोल्डर"

डी] "शीट"

प्रश्न 18. ऑपरेटिंग सिस्टम का काम है .... से

ए] कई उपयोगी कमांड आसानी से निष्पादित करें।

बी] एक परिभाषित एप्लिकेशन प्रोग्राम इंटरफ़ेस के माध्यम से सेवा के लिए अनुरोध करने के लिए।

सी] कंप्यूटरकोसबसेमौलिकस्तरपरनियंत्रितकरनेकेलिए।

डी] इनमें से कोई नहीं।

प्र.19. विंडोज़ इंटरफ़ेस .... पर आधारित है।

ए] "ग्राफिकलयूज़रइंटरफेस" याजीयूआई

बी] एप्लीकेशन प्रोग्राम इंटरफेस या] एपीआई।

सी] "क्लिपबोर्ड"

डी] इनमें से कोई नहीं

प्र.20. फ़ाइल के नाम में दो भाग होते हैं, फ़ाइल का नाम और उप फ़ाइल नाम।

सत्य

बी] झूठा

प्रश्न 21. किसी विशेष फ़ाइल के स्थान को शीघ्रता से एक्सेस करने के लिए, आप फ़ाइल के लिए एक शॉर्टकट आइकन बनाते हैं और उसे डेस्कटॉप पर रखते हैं।

ए] सच

बी] झूठा

प्रश्न 22. विंडोज विस्टा में विंडोज़ साइडबार में मिनी प्रोग्राम होते हैं जिन्हें गैजेट्स कहा जाता है।

ए] सच

बी] झूठा

प्रश्न 23. नोटपैड का उपयोग करके बनाई गई फ़ाइल को एक्सटेंशन के साथ संग्रहीत किया जाता है ....

ए] ".txt"

बी] ".docx"

सी] ".पीएनजी"

डी] ".जेपीजी"

प्रश्न 24. विंडोज़ विस्टा में दो प्रकार के "खोजकर्ता" समर्थित हैं: नियमित खोज त्वरित खोज।

ए] सच

बी] झूठा

प्र.25. जब आपका कंप्यूटर बूट हो जाता है और उपयोग के लिए तैयार हो जाता है, तो जो स्क्रीन आप देखते हैं उसे ....

ए] "टेबल टॉप"

बी] "डेस्कटॉप"

सी] "लैपटॉप"

डी] इनमें से कोई नहीं

प्रश्न 26. "कंप्यूटर" एक ऐसा एप्लिकेशन है जो हैंडहेल्ड कैलकुलेटर के समान कार्य करता है।

सत्य

बी] झूठा

प्रश्न 27. .... को स्पाई वेयर को रोकने और हटाने के लिए डिज़ाइन किया गया है।

ए] उपयोगकर्ता खाता नियंत्रण

बी] विंडोज फ़ायरवॉल

सी] विंडोजडिफेंडर

डी] माता-पिता का नियंत्रण

प्रश्न 28. क्लिपबोर्ड विंडोज विस्टा प्रोग्राम में उपलब्ध नहीं है।

सत्य

बी] झूठा

प्रश्न 29. "विंडोज एयरो" क्या है

ए] यह विंडोज एक्सपी के लिए ग्राफिकल यूजर इंटरफेस है।

बी] <u>यहविंडोजविस्टाकेलिएग्राफिकलयूजरइंटरफेसहै।</u>

सी] आवेदन कार्यक्रम

डी] इनमें से कोई नहीं

प्रश्न 30. कंप्यूटर का मूल प्रोग्राम कौन सा है?

ए] <u>ऑपरेटिंगसिस्टम</u>

बी] सॉफ्टवेयर प्रोग्राम

सी] आवेदन कार्यक्रम

डी] इनमें से कोई नहीं

प्रश्न 31. जैसे ही आप टाइप करते हैं, टेक्स्ट स्वचालित रूप से अगली पंक्ति में चला जाता है जो मार्जिन के दाहिने छोर तक पहुंचता है। इस सुविधा को "वर्ड रैप" कहा जाता है।

ए] <u>सच</u>

बी] झूठा

प्रश्न 32. "लॉग ऑफ" एक बिजली की बचत करने वाला राज्य है।

सत्य

बी] <u>झूठा</u>

प्रश्न 33। विंडोज़ विस्टा में, आप अपनी स्क्रीन के विभिन्न क्षेत्रों में एक साथ कई प्रोग्राम चलते हुए देख सकते हैं।

ए] <u>सच</u>

बी] झूठा

प्रश्न 34. दस्तावेज़ में प्रस्तुत सामग्री की उपस्थिति को बढ़ाने के लिए .... मेनू का उपयोग किया जाता है।

ए] "इन्सर्ट"

बी] "संपादित करें "

सी] <u>"प्रारूप"</u>

डी] "फाइल"

प्रश्न 35. पेंट ऑब्जेक्ट में टेक्स्ट जोड़ने के लिए "टेक्स्ट" टूल का उपयोग किया जाता है।

ए] <u>सच</u>

बी] झूठा

प्रश्न 36. "............" आपके कंप्यूटर को दुर्भावनापूर्ण सॉफ़्टवेयर से बचाने में मदद करता है।

ए] "विंडोजफायरवॉल"

बी] "विंडोज डिफेंडर"

सी] "स्पाई वेयर"

डी] इनमें से।

प्रश्न 37. .... एक मूल पाठ संपादन प्रोग्राम है और इसका उपयोग आमतौर पर पाठ फ़ाइलों को देखने या संपादित करने के लिए किया जाता है।

कैलकुलेटर"

बी] "नोटपैड"

सी] "पता पुस्तिका"

डी] "पेंट"

प्रश्न 38. विंडोज़ ऑपरेटिंग सिस्टम में स्क्रीन सेवर

A] आपके कंप्यूटर को कई प्रकार के दुर्भावनापूर्ण सॉफ़्टवेयर से बचाने में मदद करता है।

बी] एक लंबा, लंबवत बार है जो आपके डेस्कटॉप के किनारे प्रदर्शित होता है।

सी]

एकऐसाप्रोग्रामहैजोएकनिश्चितअवधिकेलिएइनपुटप्राप्तहोनेकेबादकंप्यूटरपरछवि, एनीमेशन, यासिर्फएकखालीस्क्रीनपरप्रदर्शितहोताहै।

डी] इनमें से कोई नहीं।

प्रश्न 39. विंडोज विस्टा की विशेषताएं आपके पीसी को वस्तुतः कभी भी और कहीं भी उपयोग करना आसान, सुरक्षित और अधिक मनोरंजक बनाती हैं।

ए] सच

बी] झूठा

प्र.40. विंडोज विस्टा में .... के प्रोग्राम वहीं रहते हैं और उन्हें शुरू करने के लिए क्लिक करने के लिए हमेशा उपलब्ध होते हैं।

ए] "सबसे अधिक बार उपयोग किए जाने वाले कार्यक्रमों की सूची।

बी] "पिनकिएगएआइटमसूची"

सी] "दस्तावेज़"

डी] "कंट्रोल पैनल"

प्रश्न 41. विंडोज विस्टा में .... एक बिजली की बचत करने वाला राज्य है।

ए] लॉग ऑफ

बी] नींद

सी] पुनरारंभ करें

डी] लॉक

प्रश्न 42. AERO .... का संक्षिप्त रूप है।

ए] प्रामाणिक, ऊर्जावान, चिंतनशीलऔरखुला।

बी] आवश्यक, चिंतनशील और खुला।

सी] अंकगणित, आवश्यक, प्रतिबिंबित और वस्तु।

डी] प्रामाणिक, आवश्यक, चिंतनशील और खुला।

प्रश्न 43. स्क्रीन के निचले भाग में, आप एक लंबी, पतली पट्टी देख सकते हैं, जिसे
.... कहा जाता है।

ए] "टास्कबार"

बी] "टाइटल बार"

सी] "मेनू बार"

डी] "स्पेसबार"

प्रश्न 44. विंडोज विस्टा में एक "क्लिपबोर्ड" ....

ए] एक आवेदन कार्यक्रम

बी] जानकारीकेलिएएकअस्थायीभंडारणक्षेत्रजिससेआपनेएकस्थानसेकॉपी
यास्थानांतरितकियाहैऔरकहींऔरउपयोगकरनेकीयोजनाहै।

सी] एक ऑपरेटिंग सिस्टम।

डी] इनमें से कोई नहीं।

प्रश्न 45. .... एक मूल पाठ संपादन प्रोग्राम है और इसका उपयोग आमतौर पर
पाठ फ़ाइलों को देखने या संपादित करने के लिए किया जाता है।

कैलकुलेटर"

बी] "नोटपैड"

सी] "पता पुस्तिका"

डी] "पेंट"

प्रश्न 46. ...., एक ड्राइंग प्रोग्राम है जिसका उपयोग संशोधित ग्राफिक छवियों को
बनाने के लिए किया जा सकता है।

एक ब्रश"

बी] "पेंट"

सी] "नोटपैड"

डी] "वर्डपैड"

प्रश्न 47. दस्तावेज़ में प्रस्तुत सामग्री की उपस्थिति को बढ़ाने के लिए .... मेनू का
उपयोग किया जाता है।

ए] "इन्सर्ट"

बी] "संपादित करें"

सी] <u>"प्रारूप"</u>

डी] "फाइल"

प्रश्न 48. A............. स्क्रीन पर एक आयताकार खंड है जिसका उपयोग सूचना और अन्य प्रोग्राम को प्रदर्शित करने के लिए किया जाता है।

ए] चिह्न

बी] डेस्कटॉप

सी] <u>खिड़की</u>

डी] पैनल

प्रश्न 49. एक ऑपरेटिंग सिस्टम की एक ही समय में कई प्रोग्राम चलाने की क्षमता को "मल्टीटास्किंग" कहा जाता है।

ए] <u>सच</u>

बी] झूठा

प्रश्न 50. विंडो विस्टा में, आप अपनी स्क्रीन के विभिन्न क्षेत्रों पर एक साथ कई प्रोग्राम चलते हुए देख सकते हैं

ए]<u>सत्य</u>

बी] झूठा

प्रश्न 51. फ़ाइल के नाम में दो भाग होते हैं

ए] फ़ोल्डर का नाम

बी] एक्सटेंशन का उपयोग करें

सी] <u>फ़ाइलकानाम</u>

डी] उप फ़ोल्डर का उपयोग करें नाम

प्र.52. हम टेक्स्ट के माध्यम से नेविगेट कर सकते हैं

ए] सीपीयू

बी] <u>माउस</u>

सी] कुंजी बोर्ड

डी] मॉनिटर

प्रश्न 1. एमएस वर्ड 2007 में जब टेक्स्ट का चयन किया जाता है, तो एक "............" स्वचालित रूप से प्रदर्शित होता है।

ए] टास्कबार

बी] मुख्य टूलबार

सी] <u>मिनीटूलबार</u>

डी] मेनू बार

प्रश्न 2. आप निम्न का उपयोग करके TOC बना सकते हैं:

ए] शीर्षक शैलियों।

बी] कस्टम शैलियों।

सी] रूपरेखा स्तर।

डी] <u>येसभी।</u>

प्रश्न 3. .... में फाइल को खोलने, सेव करने, प्रिंट करने और बंद करने का कमांड होता है।

घर"

बी] <u>"कार्यालयबटन"</u>

सी] "देखें"

डी] "इन्सर्ट"

प्रश्न 4. .... दस्तावेजों को डिजाइन करने के लिए कई प्रकार के विकल्प प्रदान करता है।

ए] माइक्रोसॉफ्ट एक्सेल

बी] माइक्रोसॉफ्ट पावरपॉइंट

सी] <u>माइक्रोसॉफ्टवर्ड</u>

डी] माइक्रोसॉफ्ट एक्सेस

प्रश्न 5. निम्नलिखित सभी रिबन टैब Word 2007 में प्रदर्शित होते हैं, सिवाय इसके कि

घर

बी] सम्मिलित करें

सी] <u>उपकरण</u>

डी] पेज लेआउट

प्रश्न 6. जब आप सम्मिलन बिंदु को स्थानांतरित करने के लिए माउस का उपयोग करते हैं, तो माउस पॉइंटर का आकार आई-बीम जैसा होता है।

ए] <u>सच</u>

बी] झूठा

प्रश्न 7. अनुक्रमणिका आपको एक नज़र में उन विषयों को दिखाती है जो दस्तावेज़ में शामिल हैं और इससे जानकारी का पता लगाना आसान हो जाता है।

ए] <u>सच</u>

बी] झूठा

प्रश्न 8. आप अपनी आवश्यकताओं के अनुसार वर्डआर्ट को संशोधित करने के लिए "वर्डआर्ट टूल्स" के अंतर्गत "फॉर्मेट" टैब पर क्लिक कर सकते हैं।

ए] <u>सच</u>

बी] झूठा

प्र.9. वर्ड में फाइल को .... कहते हैं।

टेम्पलेट"

बी] "फॉर्म"

सी] "डेटाबेस"

डी] "दस्तावेज़"

प्र.10. मेल मार्ज सुविधा, डेटा की एक सूची को जोड़ती है, आमतौर पर नामों और पतों की एक फ़ाइल।

ए]सत्य

बी] झूठा

प्रश्न 11. माइक्रोसॉफ्ट वर्ड बाजार में उपलब्ध एकमात्र वर्ड प्रोसेसर है।

सत्य

बी] झूठा

प्रश्न 12. हाइपरलिंक दस्तावेज़ में एक स्थान या टेक्स्ट के एक भाग की पहचान करता है जिसे आप फीचर संदर्भ के लिए नाम देते हैं।

सत्य

बी] झूठा

प्रश्न 13. A............. एक दस्तावेज़ के एक भाग से संबंधित जानकारी के लिए उसी दूसरे भाग में एक संदर्भ है।

ए] हाइपरलिंक

बी] क्रॉस-रेफरेंस

सी] दस्तावेज़

डी] लिंकेज

प्रश्न 14. इंडेंटेशन के लिए आप अपने टेक्स्ट को इंडेंट करने के लिए "............" टैब पर "पैराग्राफ" समूह में "इंडेंट घटाएं" और "इंडेंट बढ़ाएं" आइकन का उपयोग कर सकते हैं।

ए] सम्मिलित करें

बी] होम

सी] पेज लेआउट

डी] डेटा

प्र.15. एमएस वर्ड 2007 में "संदर्भ" टैब में वर्तनी जांच, वर्ग और ट्रैक परिवर्तन शामिल हैं।

सत्य

ए] गलत

प्रश्न 16. "............" पर्यायवाची शब्दों का एक शब्दकोष है जिसका उपयोग आप ऐसे शब्दों को खोजने के लिए कर सकते हैं जो किसी शब्द के पर्यायवाची हैं।

ए] अनुवाद

बी] वर्तनी

सी] थिसॉरस

डी] अनुसंधान

प्रश्न 17. A "................" उन विषयों की एक सूची है जो किसी दस्तावेज़ में उनके संबद्ध पृष्ठ संदर्भों के साथ दिखाई देते हैं।

ए] सूचकांक

बी] टेबल

सी] क्लिपबोर्ड

डी] सामग्रीकीतालिका

प्रश्न 18. आप एमएस वर्ड 2007 में उपलब्ध शैलियों को स्वचालित रूप से लागू करने वाले अपने दस्तावेज़ को प्रारूपित कर सकते हैं।

ए] सच

बी] झूठा

प्र.19. A "............." वर्तमान दस्तावेज़ में किसी स्थान का किसी अन्य दस्तावेज़ या वेब साइट से कनेक्शन है।

एक लिंक

बी] हाइपरलिंक

सी] हाइपोलिंक

डी] लिंकेज

प्र.20. प्रिंट प्रीव्यू मोड में किसी दस्तावेज़ को देखने के लिए, ऑफिस बटन पर क्लिक करें और "प्रिंट प्रिव्यू" चुनें।

ए] सच

बी] झूठा

प्रश्न 21. आप अपने दस्तावेज़ में व्याकरण संबंधी और वर्तनी की गलतियों को स्वचालित रूप से ठीक करने के लिए "स्वतः पूर्ण सुविधा" का उपयोग कर सकते हैं।

सत्य

बी] झूठा

प्रश्न 22. वर्ड प्रोसेसिंग एप्लिकेशन का उपयोग करके आप एक दस्तावेज़ बना सकते हैं, संशोधित कर सकते हैं, स्टोर कर सकते हैं, पुनः प्राप्त कर सकते हैं और प्रिंट कर सकते हैं।

ए] सच

बी] झूठा

प्रश्न 23. "मिनी टूलबार" सबसे अधिक उपयोग किए जाने वाले फ़ॉर्मेटिंग कमांड तक पहुंचने का आसान तरीका प्रदान करता है।

ए] सच

बी] झूठा

प्रश्न 24. अपने दस्तावेज़ में केवल चयनित पृष्ठों को प्रिंट करने के लिए, आप "प्रिंट रेंज" के अंतर्गत "वर्तमान पृष्ठ" या "पृष्ठ" विकल्प का उपयोग कर सकते हैं।

ए] <u>सच</u>

बी] झूठा

प्र.25. एमएस वर्ड 2007 जब हम ऑफिस बटन पर क्लिक करते हैं तो "एडिट" मेन्यू प्रदर्शित होता है।

सत्य

बी] <u>झूठा</u>

प्रश्न 26. एक "................." एक पूर्व-डिज़ाइन किया गया दस्तावेज़ है जो सामान्य प्रयोजन के दस्तावेज़ जैसे फ़ैक्स, चालान या व्यावसायिक पत्र बनाने के लिए उपयोगी है।

ए] <u>टेम्पलेट</u>

बी] फ़ाइल

सी] फॉर्म

डी] डेटाबेस

प्रश्न 27. एक बहुस्तरीय सूची सूची मदों को अलग-अलग स्तरों पर दिखाती है न कि एकल स्तर पर।

ए] <u>सच</u>

बी] झूठा

प्रश्न 28. A "............" का उपयोग जानकारी को क्षैतिज पंक्तियों और लंबवत स्तंभों के आसानी से पढ़े जाने वाले प्रारूप में व्यवस्थित करने के लिए किया जाता है।

एक कोशिका

बी] शीट

सी] बॉक्स

डी] <u>टेबल</u>

प्रश्न 29. बाईं ओर अलग-अलग वर्ण को हटाने के लिए आप "............" दबा सकते हैं।

ए] हटाएं

बी] <u>बैकस्पेस</u>

केंद्र

डी] स्पेसबार

प्रश्न 30. जब आप "होम" टैब पर "प्रारूप प्रिंटर" आइकन पर क्लिक करते हैं, तो आप देख सकते हैं कि आपका माउस पॉइंटर "............" आइकन में बदल जाता है।

ए] <u>तूलिका</u>

बी] आई-बीम

सी] तीर

डी] 4-रास्ता तीर

प्रश्न 31. आप "नया दस्तावेज़" विंडो में एक टेम्पलेट नाम पर जाँच करके Word द्वारा प्रदान किए गए मानक टेम्पलेट का उपयोग करके एक नया दस्तावेज़ बना सकते हैं।

ए] सच

बी] झूठा

प्रश्न 32. एमएस वर्ड की मेल मर्ज सुविधा आपको विशेष प्रस्तावों के बारे में अपने दस्तावेज़ को बड़ी संख्या में लोगों को मेल करने की सुविधा प्रदान करती है।

ए] सच

बी] झूठा

प्रश्न 33। जब आप अपने माउस को एक बटन पर ले जाते हैं, तो एक .... प्रदर्शित होता है। यह एक विस्तृत विवरण प्रदान करता है कि बटन क्या करता है।

ए] सुपर-टूलटिप

बी] उप-टूलटिप

सी] जानकारी

डी] की-टिप

प्रश्न 34. MS Word 2007 टेक्स्ट, डेटा या नंबरों को आरोही या अवरोही क्रम में जल्दी से सॉर्ट कर सकता है।

ए] सच

बी] झूठा

प्रश्न 35. ...... आवेदन पत्र, ब्रोशर, फैक्स और यहां तक कि पेशेवर मैनुअल से व्यक्तिगत पत्र जैसे विभिन्न प्रकार के लिखित दस्तावेज बनाने में आपकी मदद करते हैं।

ए] वर्डप्रोसेसर

बी] वर्ड पैड

सी] नोट पैड

डी] इनमें से कोई नहीं

प्रश्न 36. "मेलिंग" टैब में मेल मर्ज के लिए आवश्यक आइटम होते हैं।

ए] सच

बी] झूठा

प्रश्न 37. Word प्रत्येक पृष्ठ के अंत में फुटनोट रखता है और दस्तावेज़ों के अंत में नोट्स समाप्त करता है।

ए] सच

बी] झूठा

प्रश्न 38. टेक्स्ट को बनाए रखते हुए हाइपरलिंक को हटाने के लिए, राइट - उस पर क्लिक करें और "हाइपरलिंक निकालें" चुनें।

ए] सच

बी] झूठा

प्रश्न 39. एमएस वर्ड एक लाल लहराती रेखांकन के साथ विसंगतियों को स्वरूपित करने को इंगित करता है।

सत्य

बी] झूठा

प्र.40. दस्तावेज़ को स्वचालित रूप से सही करने के लिए, हम उपयोग करते हैं

ए] स्वत: सहीसुविधा

बी] ऑटो पूर्ण सुविधा

सी] स्वरूपण

डी] बिल्डिंग ब्लॉक्स

प्रश्न 41. समाचार पत्र के कॉलम के लिए एक "............" एक सामान्य अनुप्रयोग है।

ए] समाचार पढ़ना

बी] समाचारपत्र

सी] समाचार

डी] समाचार संपादक

प्रश्न 42. व्यक्तिगत पत्र, प्रपत्र पत्र, ब्रोशर, फैक्स और पेशेवर मैनुअल वर्ड प्रोसेसर का उपयोग कर सकते हैं।

ए] सच

बी] झूठा

प्रश्न 43. मार्जिन सेट करें, "पेज लेआउट" टैब पर "पेज सेटअप" समूह से "मार्जिन" चुनें।

ए] सच

बी] झूठा

प्रश्न 44. ड्रॉप कैप्स पैराग्राफ की शुरुआत में पहले अक्षर होते हैं जो कई पंक्तियों में बातचीत करते हुए बढ़े हुए होते हैं।

ए] सच

बी] झूठा

प्रश्न 45. एक बहुस्तरीय सूची सूची मदों को एकल स्तर के बजाय विभिन्न स्तरों पर दिखाती है।

ए] सच

बी] झूठा

प्रश्न 46. "पेज लेआउट" टैब में मार्जिन, ओरिएंटेशन और स्पेसिंग गुण होते हैं।

ए] <u>सच</u>

बी] झूठा

प्रश्न 47. किसी दस्तावेज़ में एक निश्चित स्थान को चिह्नित करने के लिए "............" का उपयोग किया जाता है।

ए] सूचकांक

बी] हाइपरलिंक

सी] <u>बुकमार्क</u>

डी] टेबल

प्रश्न 48. आप निर्दिष्ट नए टेक्स्ट द्वारा खोज टेक्स्ट की सभी घटनाओं को बदलने के लिए "सभी बदलें" बटन पर क्लिक कर सकते हैं।

ए] <u>सच</u>

बी] झूठा

प्रश्न 49. एमएस वर्ड 2007 में एक दस्तावेज़ पर काम करते समय जब हम चित्र पर क्लिक करते हैं, तो यह "साइज़िंग हैंडल" नामक आठ बॉक्स से घिरा होता है जिसका उपयोग ग्राफिक के आकार को बदलने के लिए किया जाता है।

ए] <u>सच</u>

बी] झूठा

प्रश्न 50. पदानुक्रम में किसी आइटम के स्तर को बदलते समय आप इंडेंट का उपयोग करके बढ़ा सकते हैं

ए] <u>"टैब"</u>

बी] "बैकस्पेस"

सी] "हटाएं"

डी] "स्पेसबार"

प्रश्न 51. फ़ुटनोट्स या एंडनोट्स का उपयोग कुछ निश्चित ".................." प्रदान करने के लिए किया जाता है।

ए] <u>संदर्भ</u>

बी] सूचना

सी] अंक

डी] सूचियां

प्र.52. यदि आप चाहते हैं कि वर्तमान डेटा में परिवर्तन होने पर डेटा स्वचालित रूप से किसी दस्तावेज़ में अपडेट हो जाए, तो "स्वचालित रूप से अपडेट करें" बॉक्स को चेक करें।

ए] <u>सच</u>

बी] झूठा

प्रश्न 1. सूत्र पट्टी में, एक आसन्न श्रेणी को आरंभिक और संपादन सेल पतों को a . द्वारा अलग करके निर्दिष्ट किया जाता है

ए] अर्धविराम

बी] अल्पविराम

सी] पूर्ण विराम

डी] <u>कोलन</u>

प्रश्न 2. सेल का पता "टेक्स्ट बॉक्स" में प्रदर्शित होता है।

सत्य

बी] <u>झूठा</u>

प्रश्न 3. ए .... डेटा का एक दृश्य प्रतिनिधित्व है और जानकारी को समझने में आसान और आकर्षक तरीके से बताता है।

ए] <u>चार्ट</u>

बी] टेबल

सी] चित्र

डी] ग्राफिक

प्रश्न 4. फ़ार्मुलों में, एक गैर-आसन्न श्रेणी को एक .... द्वारा अलग किए गए सेल पते देकर निर्दिष्ट किया जाता है।

ए] अर्धविराम

बी] <u>अल्पविराम</u>

सी] पूर्ण विराम

डी] कोलन

प्रश्न 5. आप अपनी कार्यपत्रक में सीधे संपादित करने के बजाय, डेटा दर्ज करने और संपादित करने के लिए .... का उपयोग कर सकते हैं।

ए] <u>फॉर्मूलाबार</u>

बी] शीर्षक बार

सी] मेनू बार

डी] स्पेस बार

प्रश्न 6. आपकी Excel 2007 फ़ाइल "............" एक्सटेंशन के साथ संग्रहीत है।

ए] ".docx"

बी] <u>".xlsx"</u>

सी] ".xltx"

डी] ".zltx"

प्रश्न 7. इलेक्ट्रॉनिक स्प्रेडशीट या वर्कशीट में, डेटा को संपादित किया जा सकता है, नया डेटा जोड़ा जा सकता है, और अवांछित डेटा को हटाया जा सकता है।

ए] <u>सच</u>

बी] झूठा

प्रश्न 8. "समीक्षा" टैब में वर्तनी जांच जैसे अशुद्धि जाँच उपकरण होते हैं और इसमें बटन भी होता है जो आपको वर्कशीट में टिप्पणियां जोड़ने और संशोधनों को प्रबंधित करने देता है।

ए] <u>सच</u>

बी] झूठा

प्र.9. "............." टैब में वर्तनी जांच जैसे अशुद्धि जाँच उपकरण होते हैं।

ए] <u>"समीक्षा"</u>

बी] "डेटा"

सी] "देखें"

डी] "इन्सर्ट"

प्र.10. आप हमारी खुद की वर्क बुक टेम्प्लेट बना और डिज़ाइन कर सकते हैं।

ए] <u>सच</u>

बी] झूठा

प्रश्न 11. एक स्प्रेडशीट प्रोग्राम में जैसे ही आप एक सेल से दूसरे सेल में जाते हैं, सक्रिय सेल का संदर्भ या पता "नाम बॉक्स" में दिखाई देता है।

ए] <u>सच</u>

बी] झूठा

प्रश्न 12. Microsoft Excel अनुप्रयोग प्रारंभ करने के लिए, "प्रारंभ" बटन पर क्लिक करें और "सभी प्रोग्राम Microsoft Office ? Microsoft Office Excel 2007" चुनें।

ए] <u>सच</u>

बी] झूठा

प्रश्न 13. "सम्मिलित करें" टैब आपको स्प्रेडशीट प्रोग्राम में टेबल, ग्राफिक्स, चार्ट और हाइपरलिंक जैसी विशेष सामग्री जोड़ने देता है।

ए] <u>सच</u>

बी] झूठा

प्रश्न 14. पृष्ठ के निचले भाग में दिखाई देने वाले पाठ को "पाद लेख" कहा जाता है।

ए] <u>सच</u>

बी] झूठा

प्र.15. एक्सेल में, फॉर्मूला हमेशा बराबर चिह्न से शुरू होता है] =। और अंकगणितीय ऑपरेटरों जैसे +, -, *, /,%, और ^ का उपयोग क्रमशः जोड़, घटाव, गुणा, भाग, प्रतिशत और घातांक करने के लिए करता है।

ए] <u>सच</u>

बी] झूठा

प्रश्न 16. काम करते समय आपको एक से अधिक शीट से डेटा को संदर्भित करना पड़ सकता है जिसे रेफरेंसिंग मल्टीपल शीट कहा जाता है।

ए] सच

बी] झूठा

प्रश्न 17. डिफ़ॉल्ट पृष्ठ अभिविन्यास सेटिंग "लैंडस्केप" है।

सत्य

बी] झूठा

प्रश्न 18. ".............." एक ऐसी विधि है जो मूल्यों के पूर्वानुमान में आपकी सहायता करती है।

ए] "ढूंढें"

बी] "बदलें"

सी] "लक्ष्यकीतलाश"

डी] "जाओ"

प्र.19. MS Excel 2007 में, "रिबन" के नीचे, हम बाईं ओर नाम बॉक्स और दाईं ओर फॉर्मूला बार देख सकते हैं।

ए] सच

बी] झूठा

प्र.20. ए ".............." एक पूर्व लिखित सूत्र है जो स्वचालित रूप से गणना करता है।

ए] "फ़ंक्शन"

बी] "समीकरण"

सी] "टेम्पलेट"

डी] "प्रतिक्रिया"

प्रश्न 21. एमएस एक्सेल 2007 का उपयोग विभिन्न प्रकार के .... के लिए किया जाता है जो सरल से जटिल तक भिन्न होते हैं।

ए] गणना

बी] जोड़तोड़

सी] प्रस्तुतियाँ

डी] भाव

प्रश्न 22. आपकी एक्सेल फ़ाइल ".xltx" एक्सटेंशन के साथ संग्रहीत है।

सत्य

बी] झूठा

प्रश्न 23. "स्वतः सुधार" माइक्रोसॉफ्ट एक्सेल 2007 की एक विशेषता है जो तार्किक रूप से श्रृंखला को दोहराकर और विस्तारित करके शीर्षक की एक श्रृंखला में प्रवेश करना आसान

बनाता है।

सत्य

बी] झूठा

प्रश्न 24. "एक सापेक्ष संदर्भ" एक सूत्र में उपयोग किया जाने वाला एक सेल या श्रेणी संदर्भ है जिसका स्थान किसी सूत्र की प्रतिलिपि बनाने पर नहीं बदलता है।

सत्य

बी] झूठा

प्र.25. पदानुक्रम में किसी आइटम के स्तर को बदलते समय आप इंडेंट का उपयोग करके बढ़ा सकते हैं।

ए] "टैब"

बी] "बैकस्पेस"

सी] "हटाएं"

डी] "स्पेसबार"

प्रश्न 26. मार्जिन सेट करने के लिए, "पेज लेआउट" टैब पर "पेज सेटअप" समूह से "मार्जिन" चुनें।

ए] सच

बी] झूठा

प्रश्न 27. बाईं ओर अलग-अलग वर्ण निकालने के लिए आप "............." दबा सकते हैं।

ए] हटाएं

बी] बैकस्पेस

केंद्र

डी] स्पेसबार

प्रश्न 28. ड्रॉप कैप्स शुरुआत में पहले अक्षर हैं जो कई पंक्तियों में बातचीत करते हुए बढ़े हुए हैं।

ए] सच

बी] झूठा

प्रश्न 29. एक पंक्ति और एक स्तंभ के प्रतिच्छेदन को "................" कहा जाता है।

मेज़

बी] सेल

सी] डेटा

डी] शीट

प्रश्न 30. A............. एक फाइल है जो एप्लिकेशन द्वारा "रेडी टू यूज" फॉर्मेट में उपलब्ध कराई जाती है।

एक पनना

बी] <u>टेम्पलेट</u>

सी] बुक

डी] रिपोर्ट

प्रश्न 31. A............ डेटा का एक दृश्य प्रतिनिधित्व है और जानकारी को समझने में आसान और आकर्षक तरीके से बताता है।

ए] <u>चार्ट</u>

बी] टेबल

सी] चित्र

डी] ग्राफिक

प्रश्न 32. अपनी कार्यपुस्तिका में कार्यपत्रक के बीच जाने के लिए, आपको "कार्यपुस्तिका" टैब पर क्लिक करना होगा।

सत्य

बी] <u>झूठा</u>

प्रश्न 33। एक थीम में रंग पैलेट, फ़ॉन्ट सेट और प्रभाव शामिल होते हैं।

ए] <u>सच</u>

बी] झूठा

प्रश्न 34. आप वर्कशीट के दो क्षेत्रों को देख सकते हैं और पैन को विभाजित या फ्रीज करके एक क्षेत्र में पंक्तियों या स्तंभों को लॉक कर सकते हैं।

ए] <u>सच</u>

बी] झूठा

प्रश्न 35. "............" अलग-अलग डिज़ाइन हैं जिन्हें दस्तावेज़ के विभिन्न भागों पर लागू किया जा सकता है।

ए] "ग्राफिक्स"

बी] <u>"शैलियाँ"</u>

सी] "चित्र"

डी] "थीम्स"

प्रश्न 36. "............" में फाइल को खोलने, सेव करने, प्रिंट करने और बंद करने के लिए कमांड होते हैं।

ए] <u>"देखें" टैब</u>

बी] "कार्यालय बटन"

सी] "इन्सर्ट" टैब

डी] "समीक्षा" टैब

प्रश्न 37. जब एक निरपेक्ष सेल संदर्भ वाले सूत्र को वर्कशीट में किसी अन्य पंक्ति या कॉलम में कॉपी किया जाता है, तो सेल संदर्भ नहीं बदलता है।

ए] सच

बी] झूठा

प्रश्न 38. "हेडर" आमतौर पर वह शीर्षक होता है जिसे आप पृष्ठ पर देते हैं।

ए] सच

बी] झूठा

प्रश्न 39. पृष्ठ के शीर्ष मार्जिन में दिखाई देने वाले पाठ को .... कहा जाता है।

ए] फूटर

बी] कॉलम

सी] हैडर

डी] पैराग्राफ

प्र.40. स्प्रेडशीट प्रोग्राम में एक टेबल दो या दो से अधिक सेल का चयन होता है।

ए] सच

बी] झूठा

प्रश्न 41. "शीर्षक" आमतौर पर पाद लेख के रूप में दिया जाता है।

सत्य

बी] झूठा

प्रश्न 42. स्वत: सापेक्ष सेल संदर्भों को रोकने के लिए, यानी सेल संदर्भ को पूर्ण बनाने के लिए, कॉलम और पंक्ति संख्या से पहले एक .... वर्ण टाइप करें।

ए] # हैश।

बी] $ डॉलर।

सी]% प्रतिशत।

डी] * तारा।

प्रश्न 43. एक थीम में रंग पैलेट, फ़ॉन्ट सेट और प्रभाव शामिल होते हैं।

ए] सच

बी] झूठा

प्रश्न 44. किसी समूह या कक्षों की श्रेणी का चयन करने के लिए, उस सेल पर क्लिक करें जिसे आप शुरू करना चाहते हैं, अपने कर्सर को खींचें और जब आप चयन के अंत तक पहुँच जाएँ तो उसे छोड़ दें।

ए] सच

बी] झूठा

प्रश्न 45. यदि हमें एक पृष्ठ पर अधिक डेटा जोड़ने की आवश्यकता है, तो हम पृष्ठ अभिविन्यास को लैंड स्केप में बदल देते हैं।

ए] सच

बी] झूठा

प्रश्न 46. प्रत्येक कार्यपत्रक का उपयोग विभिन्न प्रकार की संबंधित सूचनाओं को व्यवस्थित करने के लिए किया जा सकता है।

ए] सच

बी] झूठा

प्रश्न 47. "तालिका" डेटा का एक दृश्य प्रतिनिधित्व है और जानकारी को समझने में आसान और आकर्षक तरीके से व्यक्त करती है।

सत्य

बी] झूठा

प्रश्न 48. एमएस एक्सेल 2007 के साथ प्रदान की गई "थीम" सार्वभौमिक डिजाइन हैं जो सभी शैलियों को एकजुट करती हैं।

ए] सच

बी] झूठा

प्रश्न 49. Microsoft Excel 2007 में, एक एकल फ़ाइल या दस्तावेज़ को "............" कहा जाता है।

ए] कार्यपुस्तिका

बी] वर्कशीट

सी] शीट

डी] नोटबुक

प्रश्न 50. "नोटबुक" में एक या अधिक कार्यपत्रकों का संग्रह होता है और, वैकल्पिक रूप से, आपके कार्यपत्रक डेटा के ग्राफिक चित्रों वाले चार्ट शीट।

सत्य

बी] झूठा

प्रश्न 51. .... विकल्प के साथ, आप पंक्तियों और स्तंभों में से किसी एक या दोनों को फ्रीज कर सकते हैं। चाहे आप वर्कशीट में कहीं भी हों, आप हर समय इन पंक्तियों और/ या कॉलम में जानकारी देख सकते हैं।

एक बँटवारा

बी] व्यवस्था

सी] फिटर

डी] पैनफ्रीजकरें

प्र.52. आप इलेक्ट्रॉनिक शीट या वर्कशीट में डेटा को अधिक प्रभावी ढंग से दर्शाने के लिए चार्ट बना सकते हैं।

ए] सच

बी] झूठा

प्रश्न 53. स्प्रेडशीट में प्रत्येक सेल का अपना पता होता है जिसे "सेल एड्रेस" कहा जाता है।

ए] सच

बी] झूठा

प्रश्न 54. MS Excel 2007 में एक टेम्प्लेट फ़ाइल का एक्सटेंशन "..............." होता है।

ए] .docx

बी] .yltx

सी] .xltx

डी] .zltx

प्रश्न 55. ए "............।" एक लेखाकार के बहीखाते की तरह है जिसमें पंक्तियों और स्तंभों का समावेश होता है।

मेज़

बी] माइक्रोसॉफ्टएक्सेल 2007

सी] प्रारूप

डी] शीट

प्रश्न 56. एक "टेबल" डेटा का एक दृश्य प्रतिनिधित्व है और जानकारी को समझने में आसान और आकर्षक तरीके से बताता है।

सत्य

बी] झूठा

प्रश्न 1. "सम्मिलित करें" टैब में ऑब्जेक्ट्स का मूल सेट होता है जिसे आप स्लाइड में सम्मिलित कर सकते हैं।

ए] सच

बी] झूठा

प्रश्न 2. निर्दिष्ट नए टेक्स्ट द्वारा खोज टेक्स्ट की सभी घटनाओं को बदलने के लिए "सभी को बदलें" पर क्लिक करें।

ए] सच

बी] झूठा

प्रश्न 3. एक "..............." ग्राफिक आपकी जानकारी और विचारों का एक दृश्य प्रतिनिधित्व है।

ए] "वर्डआर्ट"

बी] "क्लिपआर्ट"

सी] "स्मार्टआर्ट"

डी] "ऑटोशेप"

प्रश्न 4. Microsoft PowerPoint अनुप्रयोग प्रारंभ करने के लिए, "प्रारंभ" बटन पर क्लिक करें और "सभी कार्यक्रम ? Microsoft Office ? Microsoft Office PowerPoint 2007" चुनें।

ए] सच

बी] झूठा

प्रश्न 5. "............" उपयोग के लिए तैयार चित्र को संदर्भित करता है।

ए] "वर्डआर्ट"

बी] "क्लिपआर्ट"

सी] "स्मार्टआर्ट"

डी] "ऑटोशेप"

प्रश्न 6. हाल ही में उपयोग की गई प्रस्तुति को खोलने के लिए आप कार्यालय बटन पर क्लिक कर सकते हैं और फिर "हाल के दस्तावेज़" के तहत प्रदर्शित सूची में प्रस्तुति नाम पर क्लिक कर सकते हैं।

ए] सच

बी] झूठा

प्रश्न 7. स्मार्टआर्ट प्रोग्राम एक प्रभावी प्रस्तुतिकरण बनाने में आपकी मदद करने के लिए डिज़ाइन किए गए हैं।

सत्य

बी] झूठा

प्रश्न 8. "............" टैब में ऐसे टूल होते हैं जो यह नियंत्रित करते हैं कि स्लाइड शो को कैसे प्रस्तुत किया जाए।

डिजाइन"

बी] "स्लाइडशो"

सी] "समीक्षा"

डी] "देखें"

प्र.9. स्लाइड सॉर्टर दृश्य में प्रदर्शित स्लाइड के लघु चित्र।

ए] सच

बी] झूठा

प्र.10. .... जो आइकन प्रदर्शित करता है जो आमतौर पर उपयोग किए जाने वाले कमांड जैसे सेव, पूर्ववत और फिर से प्रदर्शित करता है।

ए] होम बटन

बी] रिबन

सी] क्विकएक्सेसटूलबार

डी] कार्यालय बटन

प्रश्न 11. A "............" वर्तमान दस्तावेज़ में किसी स्थान, किसी अन्य दस्तावेज़ या वेबसाइट से एक कनेक्शन है।

ए] हाईलिंक

बी] हिपोलिंक

सी] लिंकेज

डी] <u>हाइपरलिंक</u>

प्रश्न 12. कंप्यूटर पर स्लाइड शो बनाने के लिए .... का उपयोग किया जाता है

ए] <u>प्रस्तुतिग्राफिक्स</u>

बी] विश्लेषणात्मक विकास कार्यक्रम

सी] सुपर स्लाइड पैकेज

डी] स्लाइड मेकर टूल्स

प्रश्न 13. वेब पेज के रूप में अपनी प्रस्तुति का पूर्वावलोकन करने के लिए, आपको रिबन में "वेब पेज पूर्वावलोकन" कमांड जोड़ना होगा।

सत्य

बी] <u>झूठा</u>

प्रश्न 14. "स्लाइड शो व्यू" के साथ आप देख सकते हैं कि एक्टुलाशो में आपके ग्राफिक्स का समय, फिल्में, एनिमेटेड तत्व और संक्रमण प्रभाव कैसे दिखेंगे।

सत्य

बी] <u>झूठा</u>

प्र.15. ग्राफिक प्रेजेंटेशन में प्रोग्राम प्रत्येक प्रेजेंटेशन को .... में बांटा गया है।

ए] चार्ट

बी] <u>स्लाइड</u>

सी] टेबल

डी] चित्र

प्रश्न 16. पावरपॉइंट "मैच केस" में: आप केस सेंसिटिव सर्च के लिए इस बॉक्स को चेक कर सकते हैं।

ए] <u>सच</u>

बी] झूठा

प्रश्न 17. "कागज को फिट करने के लिए पैमाना": बाहरी फ्रेम के साथ स्लाइड को प्रिंट करने के लिए इस बॉक्स को चेक करें।

सत्य

बी] <u>झूठा</u>

प्रश्न 18. PowerPoint में "बिल्ड इफेक्ट्स" सामग्री को स्लाइड करने के लिए एनिमेशन हैं।

ए] <u>सच</u>

बी] झूठा

प्र.19. एक "............" एक पूर्व-डिज़ाइन की गई प्रस्तुति है जिसे सामान्य उद्देश्य जैसे कि फोटो एल्बम या क्विज़ शो के लिए डिज़ाइन किया गया है।

एक चार्ट"

बी] "टेबल"

सी] "स्लाइड"

डी] <u>"टेम्पलेट"</u>

प्र.20. आप PowerPoint द्वारा प्रदान किए गए टेम्पलेट का उपयोग करके एक नई प्रस्तुति बना सकते हैं।

ए] <u>सच</u>

बी] झूठा

प्रश्न 21. हम PowerPoint स्लाइड पर एक वीडियो क्लिप सम्मिलित कर सकते हैं।

ए] <u>सच</u>

बी] झूठा

प्रश्न 22. जब आप अपने माउस को साइज़िंग हैंडल पर ले जाते हैं तो पॉइंटर "............" बन जाता है।

ए] गोल तीर

बी] <u>दोसिरवालातीर</u>

सी] प्लस साइन

डी] चार सिर वाला तीर

प्रश्न 23. पावरपॉइंट प्रेजेंटेशन निम्नलिखित एप्लिकेशन सॉफ्टवेयर का एक घटक है।

ए] लीप ऑफिस

बी] कार्यालय शुरू करें

सी] ओपन ऑफिस

डी] <u>एमएसऑफिस</u>

प्रश्न 24. "स्लाइड शो व्यू" थंबनेल रूप में आपकी स्लाइड का एक विशिष्ट दृश्य है।

सत्य

बी] <u>झूठा</u>

प्र.25. हेडर और फुटर का उपयोग स्लाइड नंबर, समय और तारीख, कंपनी का लोगो या प्रेजेंटेशन टाइटल को हैंड आउट या नोट्स पेज के शीर्ष पर या स्लाइड, हैंडआउट या नोट्स पेज के नीचे जोड़ने के लिए किया जाता है। .

ए] <u>सच</u>

बी] झूठा

प्रश्न 26. स्क्रीन पर एक विंडो में अपनी स्लाइड का पूर्वावलोकन देखने के लिए, त्वरित एक्सेस टूलबार पर क्लिक करें और "प्रिंट प्रिंट पूर्वावलोकन" चुनें।

सत्य

बी] झूठा

प्रश्न 27. ग्राफिक्स प्रेजेंटेशन प्रोग्राम में प्रत्येक प्रेजेंटेशन को चार्ट में बांटा गया है।

सत्य

बी] झूठा

प्रश्न 28. वर्डआर्ट ग्राफिक्स का उपयोग करके, आप अपने संदेश को त्वरित और सरल तरीके से प्रभावी ढंग से संप्रेषित कर सकते हैं।

सत्य

बी] झूठा

प्रश्न 29. आप स्क्रीन के नीचे "............" पर प्रदर्शित बटनों को चेक करके प्रस्तुति दृश्य बदल सकते हैं।

ए] "टाइटल बार"

बी] "मेनू बार"

सी] "टूल बार"

डी] "स्टेटसबार"

प्रश्न 30. "एनिमेशन" आपकी स्लाइड में विशेष दृश्य या ध्वनि प्रभाव को जोड़ने के लिए संदर्भित करता है।

ए] सच

बी] झूठा

प्रश्न 31. पावरपॉइंट प्रेजेंटेशन ग्राफिक्स का उपयोग करना सरल है और इसका उपयोग प्रभावी प्रस्तुति के लिए किया जाता है

ए] एक विषय पर।

बी] सच

सी] झूठा

प्रश्न 32. एक "समीक्षा" एक प्रस्तुति को देखने का एक तरीका है।

सत्य

बी] झूठा

प्रश्न 33। प्रेजेंटेशन ग्राफ़िक्स में "............" का उपयोग आपकी प्रेजेंटेशन में हैंडआउट या नोट्स पेज के शीर्ष पर स्लाइड नंबर, समय और तारीख, कंपनी का लोगो या प्रेजेंटेशन शीर्षक जैसी जानकारी जोड़ने के लिए किया जाता है। , या स्लाइड के नीचे, हैंडआउट या नोट्स।

ए] हाइपरलिंक

बी] टेबल्स

सी] <u>शीर्षलेखऔरपादलेख</u>

डी] चार्ट

प्रश्न 34. स्लाइड पर साइज़िंग हैंडल का उपयोग केवल ऊंचाई या चौड़ाई को समायोजित करने के लिए किया जाता है।

ए] <u>सच</u>

बी] झूठा

प्रश्न 35. "............" वास्तविक स्लाइड शो प्रस्तुति की तरह पूर्ण कंप्यूटर स्क्रीन लेता है।

ए] स्लाइड सॉर्टर व्यू

बी] सामान्य दृश्य

सी] <u>स्लाइडशोव्यू</u>

डी] नोट्स पेज

प्रश्न 36. "आउटलाइन" टैब आपके स्लाइड टेक्स्ट को आउटलाइन फॉर्म में दिखाता है।

ए] <u>सच</u>

बी] झूठा

प्रश्न 37. एक स्लाइड लेआउट एक स्लाइड पर पाठ, चित्र, टेबल, चार्ट और मूवी जैसे तत्वों की व्यवस्था को संदर्भित करता है।

ए] <u>सच</u>

बी] झूठा

प्रश्न 38. यदि आपकी प्रस्तुति में बड़ी संख्या में स्लाइड हैं, तो आपको अपनी सभी स्लाइडों को देखने और उनकी स्थिति बदलने के लिए .... का उपयोग करना अधिक सुविधाजनक लग सकता है।

ए] सामान्य दृश्य

बी] <u>स्लाइडसॉर्टरव्यू</u>

सी] स्लाइड शो व्यू

डी] नोट्स पेज

प्रश्न 39. आप किसी स्लाइड को हटाने के लिए सामान्य दृश्य या स्लाइड सॉर्टर दृश्य का उपयोग कर सकते हैं।

ए] <u>सच</u>

बी] झूठा

प्र.40. माइक्रोसॉफ्ट पावरपॉइंट में आपकी फाइल को .... एक्सटेंशन के साथ स्टोर किया जाता है।

ए] पीएसडी

बी] .rtf

सी] .pptx

डी] .docx

प्रश्न 41. जब पॉइंटर .... बन जाता है, तो आप प्लेसहोल्डर को अपने इच्छित स्थान पर खींच सकते हैं।

ए] गोल तीर

बी] दो गोल तीर

सी] प्लस साइन

डी] <u>चारसिरवालातीर</u>

प्रश्न 42. एक "क्लिप" एक एकल मीडिया फ़ाइल हो सकती है, जिसमें कला, ध्वनि, एनीमेशन या फिल्में शामिल हैं।

ए] <u>सच</u>

बी] झूठा

प्रश्न 43. "............" एक फ़ाइल के बारे में विवरण हैं जो इसे पहचानने में मदद करते हैं।

ए] डेस्कटॉप गुण

बी] विंडो गुण

सी] उन्नत गुण

डी] <u>दस्तावेजगुण</u>

प्रश्न 44. चयन आयत के स्लाइड और कोनों पर "साइज़िंग हैंडल" का उपयोग प्लेस होल्डर के आकार को समायोजित करने के लिए किया जा सकता है।

ए] <u>सच</u>

बी] झूठा

प्रश्न 45. आपके द्वारा पहले सहेजी गई फ़ाइल को खोलने के लिए, रिबन पर क्लिक करें और "खोलें" चुनें।

सत्य

बी] <u>झूठा</u>

प्रश्न 46. "............" मुख्य संपादन दृश्य है।

ए] स्लाइड सॉर्टर व्यू

बी] <u>सामान्यदृश्य</u>

सी] स्लाइड शो व्यू

डी] नोट्स पेज

प्रश्न 47. हम पावरपॉइंट स्लाइड पर एक ऑडियो क्लिप डाल सकते हैं।

ए] <u>सच</u>

बी] झूठा

प्रश्न 48. PowerPoint में "इन्सर्ट" टैब में आपकी स्लाइड्स को डिज़ाइन करने के लिए टूल होते हैं।

सत्य

बी] झूठा

प्रश्न 49. "............" टैब में मूल स्वरूपण उपकरण होते हैं।

डिजाइन"

बी] "देखें"

सी] "सम्मिलित करें"

डी] "होम"

प्रश्न 50. "स्लाइड्स" टैब आपकी प्रस्तुति के माध्यम से नेविगेट करना और परिवर्तनों के प्रभावों को देखना और स्लाइडर को पुनर्व्यवस्थित करना, जोड़ना या हटाना आसान बनाता है।

ए] सच

बी] झूठा

प्रश्न 51. जब आप संपादित करते हैं तो "रूपरेखा" टैब आपको थंबनेल आकार की छवियों के रूप में स्लाइड दिखाता है।

सत्य

बी] झूठा

प्र.52. PowerPoint में "इन्सर्ट" टैब में आपकी स्लाइड्स को डिज़ाइन करने के लिए टूल होते हैं।

सत्य

बी] झूठा

प्रश्न 1. आप एक स्पेस के साथ फील्ड का नाम शुरू कर सकते हैं।

सत्य।

बी] झूठा।

प्रश्न 2. "............." एक डेटाबेस ऑब्जेक्ट है जो मुख्य रूप से रिकॉर्ड दर्ज करने और प्रदर्शित करने और स्क्रीन पर मौजूदा रिकॉर्ड में परिवर्तन करने के लिए उपयोग किया जाता है।

पूछताछ।

बी] रूप।

सी] रिपोर्ट।

डी] टेबल।

प्रश्न 3. प्राथमिक संख्या एक अद्वितीय, अनुक्रमिक संख्या है जो तालिका में कोई नया रिकॉर्ड जोड़े जाने पर स्वचालित रूप से एक से बढ़ जाती है।

सत्य।

बी] झूठा।

प्रश्न 4. प्रत्येक कॉलम एक रिकॉर्ड है जो किसी रिकॉर्ड के बारे में जानकारी की सबसे छोटी इकाई है।

सत्य।

बी] झूठा।

प्रश्न 5. प्रपत्र एक मुद्रित आउटपुट है जो तालिकाओं और प्रश्नों से उत्पन्न होता है।

सत्य।

बी] झूठा।

प्रश्न 6. रिबन में टास्क-ओरिएंटेड टैब्स, ग्रुप्स और कमांड बटन होते हैं।

ए] सच।

बी] झूठा।

प्रश्न 7. "............" एक इलेक्ट्रॉनिक डेटाबेस प्रबंधन प्रणाली है जो कई अलग-अलग तरीकों से जानकारी को स्टोर, व्यवस्थित, हेरफेर और प्रस्तुत कर सकती है।

ए] एमएसएक्सेस 2007।

बी] एमएस वर्ड।

सी] एमएस एक्सेल।

डी] एमएस पावरपॉइंट।

प्रश्न 8. एक पेशेवर डेटाबेस सबसे व्यापक रूप से उपयोग की जाने वाली डेटाबेस संरचना है।

सत्य।

बी] झूठा।

प्र.9. सारणियाँ एक सामान्य क्षेत्र द्वारा एक दूसरे से संबंधित या जुड़ी हुई हैं।

ए] सच।

बी] झूठा।

प्र.10. जब आप किसी डेटा प्रकार का चयन करते हैं, तो उसके डिफ़ॉल्ट गुण "प्रदर्शन गुण" के अंतर्गत प्रदर्शित होते हैं।

सत्य।

बी] झूठा।

प्रश्न 11. "............" डेटा प्रकार का उपयोग केवल संख्याओं को संग्रहीत करने के लिए किया जाता है।

ए] ऑटो नंबर।

बी] पाठ।

सी] संख्या।

डी] दिनांक / समय।

प्रश्न 12. एक डिफ़ॉल्ट मान का उपयोग उस मान को निर्दिष्ट करने के लिए किया जाता है जो एक नया रिकॉर्ड जोड़े जाने पर स्वचालित रूप से फ़ील्ड में दर्ज हो जाता है।

ए] सच।

बी] झूठा।

प्रश्न 13. "............" एक्सेस 2007 में जानकारी संग्रहीत करता है।

ए] टेबल।

बी] प्रश्न।

सी] रिपोर्ट।

डी] फॉर्म।

प्रश्न 14. एक क्षेत्र संपत्ति एक विशेषता है जो एक क्षेत्र को परिभाषित करने में मदद करती है।

ए] सच।

बी] झूठा।

प्र.15. "............" डेटा प्रकार का उपयोग छवियों, दस्तावेज़ों, ग्राफ़ आदि को संग्रहीत करने के लिए किया जाता है।

ए] हाइपरलिंक।

बी] ओईएलऑब्जेक्ट।

सी] पाठ।

डी] विवरण।

प्रश्न 16. "............" फ़ील्ड में दर्ज किए जा सकने वाले वर्णों की अधिकतम संख्या तय करता है।

ए] प्रारूप।

बी] इनपुट मास्क।

सी] कैप्शन।

डी] क्षेत्रकाआकार।

प्रश्न 17. एक डेटाबेस में जानकारी को .... में संग्रहीत किया जाता है।

एक चार्ट।

बी] बॉक्स।

सी] फ़ोल्डर।

डी] टेबल।

प्रश्न 18. "............" डिफ़ॉल्ट डेटा प्रकार है और इसका उपयोग टेक्स्ट प्रविष्टियों जैसे शब्दों, शब्दों और संख्याओं के संयोजन और संख्याओं को संग्रहीत करने के लिए किया जाता है जो गणना में उपयोग नहीं किए जाते हैं।

पाठ।

बी] संख्या।

सी] मेमो।

डी] मुद्रा।

प्र.19. एक्सेस में, आप डेटा को आरोही या अवरोही क्रम में सॉर्ट कर सकते हैं।

ए] सच।

बी] झूठा।

प्र.20. एक्सेस डेटाबेस में ऑब्जेक्ट्स के साथ प्रदर्शित करने और काम करने के लिए "सूचियां" नामक विभिन्न विंडो प्रारूप प्रदान करता है।

सत्य।

बी] झूठा।

प्रश्न 21. एक्सेस में, प्रत्येक डेटाबेस एक फ़ाइल में संग्रहीत होता है जिसमें एक्सटेंशन होता है।

ए] ".docx"

बी] ".आरटीएफ"

सी] ".एसीसीडीबी"

डी] ".txt"

प्रश्न 22. डेटा प्रकार फ़ील्ड में मौजूद डेटा के प्रकार को परिभाषित करता है।

ए] सच।

बी] झूठा।

प्रश्न 23. A............ का प्रयोग किसी क्षेत्र में संग्रहीत डेटा की पहचान करने के लिए किया जाता है।

मेज़।

बी] क्षेत्रकानाम।

सी] बॉक्स।

डी] ब्रैकेट।

प्रश्न 24. एक डेटाबेस संबंधित जानकारी का एक संगठित संग्रह है।

ए] सच।

बी] झूठा।

प्र.25. "............" डेटा प्रविष्टि को सरल करता है और नियंत्रित करता है कि कौन से डेटा की आवश्यकता है और इसे कैसे प्रदर्शित किया जाना है।

ए] प्रारूप।

बी] इनपुटमास्क।

सी] कैप्शन।

डी] क्षेत्र का आकार।

प्रश्न 26. एक्सेस स्वचालित रूप से प्राथमिक कुंजी के लिए एक कोड बनाता है, जो क्वेरी और अन्य संचालन करने में मदद करता है।

सत्य।

बी] झूठा।

प्रश्न 27. .... कई प्रकार के डेटा प्रदान करता है।

ए] वर्ड 2007।

बी] एक्सेस 2007 ।

सी] एक्सेल 2007।

डी] पावरपॉइंट 2007।

प्रश्न 28. किसी तालिका से रिकॉर्ड जोड़ना, हटाना और संशोधित करना मुश्किल है।

सत्य।

बी] झूठा।

प्रश्न 29. एक्सेस 2007 की "फॉर्म विजार्ड" सुविधा फॉर्म को डिजाइन करना बहुत आसान बनाती है।

ए] सच।

बी] झूठा।

प्रश्न 30. जब आप कोई डेटाबेस खोलते हैं या एक नया डेटाबेस बनाते हैं, तो आपके डेटाबेस के नाम ऐसी तालिकाओं को ऑब्जेक्ट करते हैं। प्रपत्र और रिपोर्ट नेविगेशन फलक में दिखाई देते हैं।

ए] सच।

बी] झूठा।

प्रश्न 31. चार्ट ऊर्ध्वाधर स्तंभों से बने होते हैं] जिन्हें फ़ील्ड कहा जाता है। और क्षैतिज पंक्तियाँ] रिकॉर्ड कहलाती हैं।

सत्य।

बी] झूठा।

प्रश्न 32. आप कुछ एमएस एक्सेस सुविधाओं का उपयोग करके जल्दी से रिपोर्ट तैयार कर सकते हैं।

ए] सच।

बी] झूठा।

Q.33."............" वे विंडो हैं जिन्हें आप तालिका में जानकारी को आसानी से देखने या बदलने के लिए बनाते और व्यवस्थित करते हैं।

मेज़।

बी] प्रश्न।

सी] रिपोर्ट।

डी] फॉर्म।

प्रश्न 34. "............" कुछ शर्तों या आवश्यकताओं को पूरा करने में आसान डेटा को प्रतिबंधित करता है।

ए] सत्यापन पाठ।

बी] डिफ़ॉल्ट मान।

सी] सत्यापननियम।

डी] प्रारूप।

प्रश्न 35. प्रपत्र आपको एक ही या सभी सूचनाओं को एक तालिका में मुद्रित करने में मदद करते हैं।

सत्य।

बी] झूठा।

प्रश्न 36. "............" डेटा प्रकार का उपयोग टेक्स्ट को स्टोर करने के लिए किया जाता है जो टेक्स्ट फ़ील्ड में संग्रहीत होने के लिए बहुत लंबा है।

पाठ।

बी] संख्या।

सी] मेमो।

डी] मुद्रा।

प्रश्न 37. फ़ील्ड का वर्णन करने के लिए "विवरण" टेक्स्ट बॉक्स का उपयोग किया जाता है।

ए] सच।

बी] झूठा।

प्रश्न 38. "............" उपयोगकर्ता के लिए डेटा दर्ज करने के लिए फ़ील्ड कैप्शन या संकेत निर्दिष्ट करता है।

ए] प्रारूप।

बी] इनपुट मास्क।

सी] कैप्शन।

डी] क्षेत्र का आकार।

प्रश्न 39. "फ़ॉर्म विज़ार्ड" एक फ़ॉर्म बनाने के लिए आवश्यक चरणों के माध्यम से आपका मार्गदर्शन करता है।

ए] सच।

बी] झूठा।

प्र.40. फ़ील्ड नाम किसी फ़ील्ड में संग्रहीत डेटा की पहचान करना है।

ए] सच।

बी] झूठा।

प्रश्न 41. एक डिफ़ॉल्ट मान एक अभिव्यक्ति है जो स्वीकार्य मानों को परिभाषित करता है।

सत्य।

बी] झूठा।

प्रश्न 42. प्रत्येक पंक्ति एक फ़ील्ड है जिसमें किसी व्यक्ति, चीज़ या स्थान के बारे में सभी जानकारी होती है।

सत्य।

बी] झूठा।

प्रश्न 43. एक प्राथमिक कुंजी होनी चाहिए

ए] अद्विवतीय लेकिन परमिट शून्य।

बी] अद्विवतीयऔरशून्यनहीं।

सी] गैर-अद्विवतीय और शून्य नहीं।

डी] गैर-अद्विवतीय और परमिट शून्य।

प्रश्न 44. निम्नलिखित में से कौन से कार्य DBA द्वारा निष्पादित किए जाते हैं?

ए] डेटाबेस डिजाइन।

बी] सिस्टम सुरक्षा।

सी] बैकअप और रिकवरी।

डी] उपरोक्तसभी।

प्रश्न 45. "..........." एक संबंध डेटाबेस प्रबंधन अनुप्रयोग है जिसका उपयोग डेटाबेस बनाने और विश्लेषण करने के लिए किया जाता है।

ए] वर्ड 2007।

बी] एक्सेस 2007।

सी] सिस्टम सुरक्षा।

डी] पावरपॉइंट 2007।

प्रश्न 46. आप विभिन्न प्रकार की सूचनाओं को संग्रहीत करने के लिए जितनी चाहें उतनी तालिकाएँ बना सकते हैं।

ए] सच।

बी] झूठा।

प्रश्न 47. ए "..........." आपकी तालिका में एक फ़ील्ड या फ़ील्ड का सेट है जो प्रत्येक रिकॉर्ड के लिए एक अद्विवतीय पहचानकर्ता के साथ एक्सेस प्रदान करता है।

ए] पासवर्ड।

बी] विशेष कोड।

सी] प्राथमिककुंजी।

डी] अद्वितीय कोड।

प्रश्न 48. फोटो को फाइल के रूप में डाला जा सकता है।

सत्य।

बी] झूठा।

प्रश्न 49. आप तालिका में डेटा का विश्लेषण कर सकते हैं और डेटा के विभिन्न क्षेत्रों पर गणना कर सकते हैं।

ए] सच।

बी] झूठा।

प्रश्न 50. डेटा को फॉर्मेट करना अक्सर कुछ विशेष जानकारी को जल्दी से खोजने में मदद करता है।

सत्य।

बी] झूठा।

प्रश्न 51. डेटाबेस को परिभाषित करने का पहला चरण क्या है।

ए] डेटाबेस डिजाइन करना।

बी] डेटा का संग्रह।

सी] अपनेडेटाबेसकीयोजनाबनाना।

डी] अपने डेटा को डिजिटाइज़ करना।

प्र.52. जब आप तालिका को प्रिंट पूर्वावलोकन मोड में देखते हैं तो "प्रिंट पूर्वावलोकन" टैब दिखाई देता है।

ए] सच।

बी] झूठा।

प्रश्न 53. डेटाशीट व्यू का उपयोग सभी प्रकार के डेटाबेस ऑब्जेक्ट्स जैसे टेबल, फॉर्म, क्वेरी और रिपोर्ट के डिज़ाइन को बनाने और देखने के लिए किया जा सकता है।

सत्य।

बी] झूठा।

प्रश्न 54. डीबीएमएस का अर्थ है.................

ए] डेटाबेसप्रबंधनप्रणाली।

बी] डोमेन प्रबंधन प्रणाली।

सी] डोमेन प्रबंधन सर्वर।

डी] डोमेन प्रबंधन शैली।

प्रश्न 55. एक्सेस यह भी सुनिश्चित करता है कि प्रत्येक रिकॉर्ड में एक गैर-रिक्त प्राथमिक कुंजी फ़ील्ड हो, और यह हमेशा अद्वितीय हो।

ए] सच।

बी] झूठा।

प्रश्न 56. "सत्यापन नियम" डेटा प्रविष्टि के समय फ़ील्ड के लिए स्वचालित रूप से फ़ील्ड n होने के लिए एक डिफ़ॉल्ट मान निर्दिष्ट करता है।

सत्य।

बी] झूठा।

प्रश्न 57. डिज़ाइन दृश्य तालिकाओं, प्रपत्रों और प्रश्नों में डेटा की एक पंक्ति और स्तंभ दृश्य प्रदान करता है।

सत्य।

बी] झूठा।

प्र.58 आप टेक्स्ट फील्ड में अधिकतम विशेषता दर्ज कर सकते हैं।

ए] 375

बी] 125

सी] 235

डी] 255

प्रश्न 1. नेटस्केप नेविगेटर एक प्रकार का ....

ए] उपयोगिता कार्यक्रम।

बी] ऑपरेटिंग सिस्टम।

सी] ब्राउजर।

डी] वेब संलेखन कार्यक्रम।

प्रश्न 2. जब आप "http://www.mkcl.org" जैसा पता टाइप करते हैं, तो इसमें .org इंगित करता है।

ए] मूलवेबसाइट।

बी] वाणिज्यिक वेब साइट।

सी] संगठनात्मक वेब साइट।

डी] शैक्षिक वेब साइट।

प्रश्न 3. आप .... और .... का उपयोग करके किसी विशिष्ट विषय के लिए वर्ल्ड वाइड वेब पर खोज कर सकते हैं।

ए] गोफर, फिडो।

बी] स्कैनर, सर्च इंजन।

सी] सर्चइंजन, इंडेक्स।

डी ब्राउज़र्स, लार्कर्स।

प्रश्न 4. एक। इंटरनेट पर सूचना और संदेश कैसे भेजे जाते हैं, इसके लिए .... नियमों का एक समूह है।

ए] प्रोटोकॉल।

बी] आईएसपी।

सी] एप्लेट।

डी] एचटीएमएल हाइपर टेक्स्ट मार्कअप लैंग्वेज।

प्रश्न 5. विशिष्ट विषय के बारे में इंटरनेट पर चर्चा के रूप में जाना जाता है

एक ख़बर।

बी] समाचारसमूह।

सी] वेरोनिका।

डी] टेलनेट।

प्रश्न 6. निम्न में से कौन सा प्रोटोकॉल का एक प्रकार नहीं है?

ए] टीसीआई/आईपी

बी] ASCII

सी] इनमें से कोई नहीं।

डी] पीपीपी

प्रश्न 7. निम्न में से कौन सा प्रोटोकॉल का एक प्रकार है?

ए] ASCII

बी] राम

सी] टीसीआई/आईपी

डी] डीबीए

प्रश्न 8. ई-मेल संदेश के तीन भाग हैं:

ए] टीसीपी/आईपी, डोमेन और आईएसपी।

बी] गंतव्य, डिवाइस और प्रेषक।

सी] हैडर, संदेशऔरहस्ताक्षर।

डी] टीसीपी, आईपी और संदेश।

प्र.9. पूरी दुनिया में कई कंप्यूटरों को जोड़ने वाला नेटवर्क है?

ए] इंट्रानेट।

बी] इंटरनेट।

सी] अर्पानेट।

डी] नेटवर्क।

प्र.10. निम्न में से कौन एक ब्राउज़र है।

एक वेबसाइट।

बी] माइक्रोसॉफ्ट।

सी] इंटरनेटएक्सप्लोरर।

डी] www.

प्रश्न 11. DNS शब्द का अर्थ है।

ए] डेटा नामकरण प्रणाली।

बी] डू नेम सिस्टम।

सी] डोमेननामप्रणाली।

डी] डुप्लीकेट नाम प्रणाली।

प्रश्न 12. प्रत्येक उपयोगकर्ता के लिए इंटरनेट ई-मेल पता .... है।

ए] अद्वितीय।

बी] वही।

सी] आम।

डी] इनमें से कोई नहीं।

प्रश्न 13. किसी भी वेबसाइट को नेविगेट करने के लिए, उपयोगकर्ता को दर्ज करना होगा

ए] यूआरएल।

बी] www.

सी] पीपीपी।

डी] इनमें से कोई नहीं।

प्रश्न 14. ई-कॉमर्स का फुल फॉर्म क्या है?

ए] अंग्रेजी वाणिज्य।

बी] इलेक्ट्रॉनिकवाणिज्य।

सी] इलेक्ट्रिक कॉमर्स।

डी] तत्व वाणिज्य।

प्र.15. किसी ऐसे व्यक्ति को ई-मेल भेजने के लिए जिसकी आपको आवश्यकता है ....

ए] निवासी पता।

बी] इंटरनेटकनेक्टिविटी।

सी] फैक्स पता।

डी] इनमें से कोई नहीं।

प्रश्न 16. वेब पेज देखने के लिए .... का उपयोग किया जाता है।

ए] इनबॉक्स।

बी] रीसायकल बिन।

सी] इंटरनेटएक्सप्लोरर।

डी] नेटवर्क पड़ोस।

प्रश्न 17. यूआरएल का फुल फॉर्म

ए] यूनिवर्सल रिसोर्स लोकेटर।

बी] यूनिफ़ॉर्मरिसोर्सलोकेटर।

सी] यूनी रिसोर्स लोकेटर।

डी] इनमें से कोई नहीं।

प्रश्न 18. मोडेम सीडी से डेटा को हार्ड डिस्क में बदलता है।

सत्य।

बी] झूठा।

प्र.19. निम्न में से कौन एक सर्च इंजन है।

ए] गूगल।

बी] अल्टा विस्टा।

सी] याहू।

डी] येसभी।

प्र.20. ई-कॉमर्स से क्या तात्पर्य है?

ए] ऑनलाइनबिक्री, खरीद, खाताप्रबंधनआदि।

बी] विषय वाणिज्य धारा।

सी] वाणिज्यिक समस्या से निपटने के लिए इलेक्ट्रॉनिक उपकरण।

D] उपरोक्त सभी।

प्रश्न 21. . एक्सटेंशन .gov, .edu, .mil, और .net कहलाते हैं।

ए] डीएनएस।

बी] ई-मेल लक्ष्य।

सी] डोमेनकोड।

डी] पते पर मेल करें।

प्रश्न 22. वेब स्पाइडर और क्रॉलर इसके उदाहरण हैं

ए] ब्राउज़र।

बी] खोजइंजन।

सी] एचटीएमएल प्रोग्राम।

डी] लपटें।

प्रश्न 23. एक यूआरएल क्या है?

ए] वर्ल्ड वाइड वेब को क्रूज करने के लिए इस्तेमाल किया जाने वाला एक सॉफ्टवेयर पैकेज..

बी] वर्ल्डवाइडवेबपरएकससंसाधनकापता।

सी] एक आंतरिक विज़ार्ड का वर्णन करने के लिए इस्तेमाल की जाने वाली शर्तें।

डी] एक लाइव चैट प्रोग्राम [असीमित वास्तविक समय भाषा।

प्रश्न 24. संक्षिप्त नाम "www।" के लिए खड़ा है।

ए] वर्ल्डवाइडवेब।

बी] वाइड वाइड वेब।

सी] विश्व चौड़ाई वेब।

डी] वेब के साथ दुनिया।

प्र.25. वेबसाइट जो उपयोगकर्ता को कीवर्ड पर डेटा खोजने की अनुमति देती है वह है:

ए] चैट इंजन।

बी] राउटर।

सी] वेब सर्वर।

डी] <u>खोजइंजन।</u>

प्रश्न 26. निम्नलिखित में से कौन सा वेब सर्च इंजन दुनिया भर में उपयोग किया जाता है?

ए] डोमेन।

बी] <u>गूगल।</u>

सी] टॉगल करें।

डी] इनमें से कोई नहीं।

प्रश्न 27. जब आप किसी विषय को खोजने के लिए a(n) .... का उपयोग करते हैं, तो आपके द्वारा खोजी जाने वाली जानकारी को संरचना जैसे डेटाबेस में व्यवस्थित किया जाता है।

ए] <u>सर्चइंजन।</u>

बी] सूचकांक।

सी] मकड़ी।

डी] एप्लेट।

प्रश्न 28. निम्नलिखित में से कौन सा सिस्टम इलेक्ट्रॉनिक पत्र या संदेश व्यक्तियों या कंप्यूटरों के बीच भेजा जाता है।

ए] <u>ई-मेल।</u>

बी] ऑनलाइन सेवा।

सी] संसाधन साझा करें।

डी] वॉयस मेल मैसेजिंग।

प्रश्न 29. पसंदीदा सूची में वर्तमान वेब जोड़ने के लिए।

ए] <u>"पसंदीदा - पसंदीदामेंजोड़ें" परक्लिककरें।</u>

बी] "जोड़ें - पसंदीदा" पर क्लिक करें।

सी] "फ़ाइल - पसंदीदा" पर क्लिक करें।

डी] ये सभी।

प्रश्न 30. वेब के चारों ओर एक साइट से दूसरी साइट पर जाने को .... के रूप में जाना जाता है।

ए] लिंकिंग।

बी] <u>नेविगेटकरना।</u>

सी] होपिंग।

डी] पेजिंग।

प्रश्न 31. एक प्रोटोकॉल दो या दो से अधिक कंप्यूटरों के बीच सूचना प्रसारित करने के नियमों को परिभाषित करता है।

ए] सच।

बी] झूठा।

प्रश्न 32. इंटरनेट पर भेजी जाने वाली सूचनाओं को छोटे-छोटे टुकड़ों में बाँटा जाता है जिन्हें कहा जाता है।

ए] पैकेट।

बी] पीपीपी।

सी] ई-मेल फॉर्म।

डी] संदेश।

प्रश्न 33। PPP और SLIP जैसे प्रोटोकॉल के लिए उपयोग किया जाता है।

ए] डेटाट्रांसफर।

बी] डायलअप इंटरनेट कनेक्शन।

सी] डोमेन पंजीकरण।

डी] इनमें से कोई नहीं।

प्रश्न 34. .com .... प्रकार के संगठन की वेबसाइटों को इंगित करता है।

ए] वाणिज्यिक।

बी कॉम्पलेक्स।

सी] कंपनी।

डी] कार्गो।

प्रश्न 35. इंटरनेट पर किसी अन्य व्यक्ति के मेलबॉक्स में संदेश भेजना है

ए] ई-बिजनेस।

बी] ई-पत्र।

सी] ई-मेल।

डी] साइबर माली।

प्रश्न 1. यह एक प्रकार का व्यक्तिगत सूचना प्रबंधक है।

ए] एमएस वर्ड 2007

बी] एमएस एक्सेल 2007

सी] एमएस पावरपॉइंट 2007

डी] एमएसआउटलुक 2007

प्रश्न 2. आप स्प्रेडशीट, वर्ड प्रोसेसर दस्तावेज़ डेटाबेस, यहां तक कि ध्वनि रिकॉर्डिंग और ग्राफिक छवियों सहित ई-मेल में सभी प्रकार की फाइलें संलग्न कर सकते हैं।

ए] सच

बी] झूठा

प्रश्न 3. मेल बनाने के लिए, हम "नेविगेशन फलक में मेल" पर क्लिक करते हैं।

ए] <u>सच</u>

बी] झूठा

प्रश्न 4. आप मेल भेजने और प्राप्त करने के लिए "भेजें/प्राप्त करें" बटन का उपयोग करते हैं।

ए] <u>सच</u>।

बी] झूठा।

प्रश्न 5. यदि आप अपने कार्य वातावरण को वैयक्तिकृत करना चाहते हैं तो एक ऐसे उपकरण का उपयोग करना चाहते हैं जो आपके संपर्कों को व्यवस्थित करता है। अनुसूचियां आदि आप प्रयोग करेंगे।

ए] माइक्रोसॉफ्ट ऑफिस एक्सेल 2007

बी] माइक्रोसॉफ्ट ऑफिस पावरपॉइंट 2007

सी] <u>माइक्रोसॉफ्टऑफिसआउटलुक 2007</u>

डी] माइक्रोसॉफ्ट ऑफिस वर्ड 2007

प्रश्न 6. एमएस आउटलुक 2007 में एंट्री, जो 24 घंटे से अधिक समय तक खराब रहती है, कहलाती है

ए] <u>घटना</u>

बी] प्रदर्शनी

सी] मेल

डी] कैलेंडर

प्रश्न 7. मेल मसाज बनाना मेल को "कंसोलिडेटिंग" के रूप में भी जाना जाता है।

सत्य।

बी] <u>झूठा</u>।

प्रश्न 8. आउटलुक 2007 की सबसे महत्वपूर्ण विशेषता ई-मेल भेजना और प्राप्त करना है।

ए] <u>सच</u>।

बी] झूठा।

प्र.9. ए .... एमएस आउटलुक 2007 में उपयोग किया जाने वाला एक वर्णनात्मक कीबोर्ड या वाक्यांश है जिसमें आप संबंधित आइटम असाइन कर सकते हैं।

ए] <u>श्रेणी</u>

बी] मेल

सी] नोट्स

डी] प्वाइंट

प्र.10. सॉर्टिंग कार्य आरोही क्रम में वस्तुओं को पुनर्व्यवस्थित करने की प्रक्रिया है।

ए] <u>सच</u>।

बी] झूठा।

प्रश्न 11. "नोटबुक" एक इलेक्ट्रॉनिक पुस्तक है। जिसमें उन सभी लोगों की विस्तृत जानकारी शामिल है जिनके साथ आप संवाद करते हैं।

सत्य।

बी] <u>झूठा</u>।

प्रश्न 12. ...... अलग बाहरी फाइलें हैं जो आपके साथ ई-मेल संदेश के साथ हैं।

ए] <u>अनुलग्नक</u>

बी] विकल्प

सी] ई-मेल

डी] पार्सल

प्रश्न 13. एक कार्य एक व्यक्तिगत कार्य से संबंधित क्रिया आइटम है।

ए] <u>सच</u>।

बी] झूठा।

प्रश्न 14. "तत्काल खोज" सुविधा आपको Microsoft Office Outlook 2007 में शीघ्रता से आइटम ढूँढ़ने में मदद करती है।

ए] <u>सच</u>।

बी] झूठा।

प्र.15. एमएस आउटलुक 2007 में आप किसी भी समय कार्यों की स्थिति को अपडेट कर सकते हैं और निर्दिष्ट कर सकते हैं और प्रतिशत पूरा कर सकते हैं।

ए] <u>सच</u>।

बी] झूठा।

प्रश्न 16. यदि आप "BCC" का उपयोग करके प्राप्तकर्ता का नाम जोड़ते हैं तो वह नाम संदेश के अन्य प्राप्तकर्ताओं के लिए दृश्यमान नहीं होता है।

ए] <u>सच</u>।

बी] झूठा।

प्रश्न 17. जब आप Microsoft Outlook 2007 प्रारंभ करते हैं। आपको प्राप्त होने वाले सभी मेल डिफ़ॉल्ट रूप से आपके "इनबॉक्स" फ़ोल्डर में जमा हो जाते हैं।

ए] <u>सच</u>।

बी] झूठा।

प्रश्न 18. एक बार जब हम एक महत्वपूर्ण मेल के बगल में ध्वज चिन्ह पर क्लिक करते हैं तो यह ट्रू डू बार में जुड़ जाता है।

ए] <u>सच</u>।

बी] झूठा।

प्र.19. आपको अपने संपर्कों को एक फ़ाइल में सहेजने की आवश्यकता हो सकती है, ताकि भविष्य में उपयोग के लिए उपलब्ध हों। यह कहा जाता है.................

ए] "बचत"

बी] "आयात"

सी] "निर्यात"

डी] "निकालना"

प्र.20. एक मेलिंग सूची संपर्कों का एक संग्रह है।

ए] सच।

बी] झूठा।

प्रश्न 21. उस मेल को फॉरवर्ड करने के लिए जो आपको प्राप्त हुआ है, इनबॉक्स से मेल पर क्लिक करें और फिर "फॉरवर्ड" बटन पर क्लिक करें।

ए] सच।

बी] झूठा।

प्रश्न 22. "नोट्स" पेपर नोट्स का एक इलेक्ट्रॉनिक संस्करण है जिसका उपयोग आप त्वरित अनुस्मारक नीचे जाने के लिए करते हैं।

ए] सच

बी] झूठा

प्रश्न 23. यदि आप "Cc" का उपयोग करके प्राप्तकर्ता का नाम जोड़ते हैं, तो नाम संदेश के अन्य प्राप्तकर्ताओं को दिखाई नहीं देता है।

सत्य।

बी] झूठा।

प्रश्न 24. जब आप Microsoft Outlook 2007 खोलते हैं, तो आपको बाईं ओर एक नेविगेशन फलक दिखाई देगा। जिसमें मेल, कैलेंडर और कॉन्टैक्ट्स आदि कैटेफरीज शामिल हैं?

ए] सच।

बी] झूठा।

प्र.25. एमएस आउटलुक 2007 में टास्क टाइमलाइन व्यू में। कार्यों को उनकी नियत तिथियों के अनुसार व्यवस्थित किया जाता है।

ए] सच।

बी] झूठा।

प्रश्न 26. "श्रेणियों" को छाँटना वस्तुओं को आरोही या अवरोही क्रम में पुनर्व्यवस्थित करने की प्रक्रिया है।

सत्य।

बी] झूठा।

प्रश्न 27. एमएस आउटलुक 2007 में आप अपनी मेलिंग सूची में विभिन्न पुस्तकों के संपर्क जोड़ सकते हैं।

ए] सच।

बी] झूठा।

प्रश्न 28. जब आप अपने मित्र या किसी अन्य व्यक्ति को प्राप्त हुई जानकारी को संप्रेषित करने के लिए गए तो आप उस मेल को .... दे सकते हैं जो आपको प्राप्त हुआ है।

एक हिस्सा"

बी] "दे"

सी] "भेजें"

डी] "फॉरवर्ड"

प्रश्न 29. "Cc" का अर्थ कार्बन कॉपी और "Bcc" का अर्थ ब्लाइंड कार्बन कॉपी है।

ए] सच।

बी] झूठा।

प्रश्न 30. .... एक इलेक्ट्रॉनिक पुस्तक है, जिसमें उन सभी लोगों की विस्तृत जानकारी शामिल है जिनके साथ आप संवाद करते हैं।

ए] पतापुस्तिका

बी] कैलेंडर

सी] टास्क

डी] नोटबुक

प्रश्न 31. आप तुरंत एक अनुवर्ती आइटम बनाने के लिए ध्वज का उपयोग कर सकते हैं जिसे टू-डू-बार में, आपके इनबॉक्स में और यहां तक कि कैलेंडर में भी ट्रैक किया जा सकता है।

ए] सच।

बी] झूठा।

प्रश्न 32. आप एमएस आउटलुक 2007 में अपने कार्यों को विषय के अनुसार "व्यू अरेंज बाय सब्जेक्ट" का चयन करके सॉर्ट कर सकते हैं।

ए] सच।

बी] झूठा।

प्रश्न 33। जब आप Microsoft Outlook 2007 प्रारंभ करते हैं, तो आपको प्राप्त होने वाले सभी मेल डिफ़ॉल्ट रूप से आपके "ड्राफ़्ट" फ़ोल्डर में जमा हो जाते हैं।

सत्य।

बी] झूठा।

प्रश्न 1. जब एक वेब साइट विकसित की जाती है; विभिन्न परस्पर जुड़ी फाइलों को एक साथ समूहीकृत किया जाता है। यह किस सुविधा का उपयोग करके हासिल किया जाता है।

ए] हाइपरटेक्स्ट।

बी] <u>हाइपरलिंक।</u>

सी] नेटवर्क।

डी] इनमें से कोई नहीं।

प्रश्न 2. इंटरनेट में संक्षिप्त नाम "www" का क्या अर्थ है:

ए] <u>वर्ल्डवाइडवेब।</u>

बी] वाइड वाइड वेब।

सी] विश्व चौड़ाई वेब।

डी] वेब के साथ दुनिया।

प्रश्न 3. .... सबसे तेजी से बढ़ते इंटरनेट अनुप्रयोगों में से एक है।

ए] ई-मेल।

बी] <u>खरीदारी।</u>

सी] निवेश।

डी] वाणिज्य।

प्र.10. ई-मेल में निम्नलिखित सभी मूल तत्व शामिल हैं सिवाय।

ए] हैडर।

बी] <u>फुटर।</u>

सी] संदेश।

डी] हस्ताक्षर।

प्रश्न 11. त्वरित संदेश आपको अनुमति देता है

ए] <u>ई-मेलसंदेशभेजें।</u>

बी] डेटा साझा करना।

सी] आपके संदेशों का त्वरित उत्तर।

डी] वास्तविक समय में होने वाली बातचीत में एक साथ कई लोगों के साथ संवाद करने के लिए।

प्रश्न 12.] जब आप a] n का उपयोग करते हैं। किसी विषय को खोजने के लिए .... आपके द्वारा खोजी गई जानकारी को डेटाबेस जैसी संरचना में व्यवस्थित किया जाता है।

ए] <u>खोजइंजन।</u>

बी] सूचकांक।

सी] मकड़ी।

डी] एप्लेट।

प्रश्न 13. एक्सटेंशन .gov, .edu, .mil, और .net कहलाते हैं।

ए] डीएनएस।

बी] ई-मेल लक्ष्य।

सी] डोमेनकोड।

डी] पते पर मेल करें।

प्रश्न 14.] वेब स्पाइडर को सर्च इंजन के रूप में भी जाना जाता है।

सत्य।

बी] झूठा।

Q.15.B2c, C2C और B2B .... के प्रकार हैं

ए] ई-मेल।

बी] ई-कॉमर्स।

सी] ई-नकद।

डी] ये सभी।

प्रश्न 16. किसी भी वेबसाइट को नेविगेट करने के लिए यूजर को एंटर करना होता है।

ए] यूआरएल।

बी] www.

सी] पीपीपी।

डी] इनमें से कोई नहीं।

प्रश्न 17. वेब स्पाइडर और क्रॉलर इसके उदाहरण हैं

ए] ब्राउज़र।

बी] खोजइंजन।

सी] एचटीएमएल प्रोग्राम।

डी] लपटें।

प्रश्न 18. .com .... प्रकार के संगठन की वेबसाइट को दर्शाता है।

ए] वाणिज्य।

बी कॉम्पलेक्स।

सी] कंपनी।

डी] कार्गो।

Q.19.ISP का मतलब है।

ए] आंतरिक सेवा योजना।

बी] इंटरनेट सेवा योजना।

सी] इंटीग्रल सर्विस प्लान।

डी] इंटरनेटसेवाप्रदाता।

Q.20............ ऐसे प्रोग्राम हैं जो वेब संसाधनों तक पहुंच प्रदान करते हैं।

ए] ब्राउज़र।

बी] खोज इंजन।

सी] कार्यक्रम।

डी] ये सभी।

प्रश्न 21. वर्ल्ड वाइड इस्तेमाल किया जाने वाला वेब सर्च इंजन कौन सा है?

ए] डोमेन।

बी] <u>गूगल।</u>

सी] टॉगल करें।

डी] ये सभी।

प्रश्न 22. विशिष्ट के बारे में इंटरनेट पर चर्चा को के रूप में जाना जाता है एक ख़बर।

बी] <u>समाचारसमूह।</u>

सी] वेरोनिका।

डी] टेलनेट।

प्रश्न 23. URL से पूर्ण

ए] यूनिवर्सल रिसोर्स लोकेटर।

बी] <u>यूनिफ़ॉर्मरिसोर्सलोकेटर।</u>

सी] यूनी रिसोर्स लोकेटर।

डी] इनमें से कोई नहीं।

प्रश्न 4. की-बोर्ड पर 0-9 लेबल वाली कीज कहलाती हैं।

ए] फ़ंक्शन कुंजियाँ।

बी] टाइपराइटर कुंजी।

सी] <u>संख्यात्मककुंजी।</u>

डी] विशेष प्रयोजन कुंजी।

प्रश्न 5. माउस और ट्रैक बॉल के कार्य अलग-अलग होते हैं।

सत्य।

बी] <u>झूठा।</u>

प्रश्न 6. .... डिवाइस लोगों की समझ में अनुवाद करते हैं जिसे कंप्यूटर संसाधित कर सकता है।

ए] इनपुट।

बी] आउटपुट।

ए] <u>येसभी।</u>

बी] इनमें से कोई नहीं।

प्रश्न 7. F1, F2 इत्यादि लेबल वाली की-बोर्ड कीज कहलाती हैं।

ए] <u>फ़ंक्शनकुंजियाँ।</u>

बी] संख्यात्मक कुंजी।

सी] टाइपराइटर कुंजी।

डी] विशेष प्रयोजन कुंजी।

प्रश्न 8. निम्नलिखित में से कौन सा उपकरण पॉइंटिंग प्रकार के उपकरण से नहीं है?

एक माउस।

बी] टच स्क्रीन।

सी] कुंजीबोर्ड।

डी] जॉयस्टिक।

प्र.9. इनमें से कौन एक इनपुट डिवाइस नहीं है?

ए] मॉनिटर।

बी] माउस।

सी] कुंजी बोर्ड।

डी] जॉयस्टिक।

प्र.9. एक सीडी-रोम के लिए खड़ा है।

ए] कॉम्पैक्टडिस्करीडओनलीमेमोरी।

बी] कॉम्पैक्ट डिस्क एक बार मेमोरी पढ़ें।

सी] सीडी-आरडब्ल्यू।

डी] इनमें से कोई नहीं।

Q.10............ प्रोग्राम जो आपके कंप्यूटर सिस्टम को वायरस या अन्य हानिकारक प्रोग्रामों से बचाते हैं।

एक बैकअप।

बी] एंटीवायरस।

सी] अनइंस्टॉल करें।

डी] इनमें से कोई नहीं।

प्रश्न 11. वृत के उस भाग को क्या कहते हैं जिस पर स्टोरेज मीडिया में डेटा लिखा होता है?

एक रास्ता।

बी] सेक्टर।

सी] सिलेंडर।

डी] सर्पिल।

प्रश्न 12. एक सीडी-आरडब्ल्यू डिस्क का मतलब है।

ए] सीडी-रीराइटेबल।

बी] सीडी-रिकॉर्ड करने योग्य।

सी] सीडी-रोम।

डी] इनमें से कोई नहीं।

प्रश्न 13. .... का उत्पादन ओमेगा द्वारा किया जाता है और शीर्ष पर 100 एमबी, 250 एमबी या 750 एमबी क्षमता है जो आज की मानक फ्लॉपी डिस्क से 500 गुना अधिक है।

ए] सुपर डिस्क।

बी] हायएफडी डिस्क।

सी] ज़िपडिस्क।

डी] इनमें से कोई नहीं।

प्रश्न 14. प्राथमिक भंडारण एक अस्थिर है।

ए] सच।

बी] झूठा।

प्र.15. Sony Corporation के HiFD डिस्क की क्षमता 200 एमबी या 720 एमबी है।

ए] सच।

बी] झूठा।

Q.16........... इमेशन द्वारा निर्मित हैं और इनकी क्षमता 120 एमबी या 240 एमबी है।

ए] सुपरडिस्क।

बी] हायएफडी डिस्क।

सी] ज़िप डिस्क।

डी] इनमें से कोई नहीं।

प्रश्न 17. .... हटाने योग्य भंडारण उपकरण हैं जिनका उपयोग भारी मात्रा में सूचनाओं को संग्रहीत करने के लिए किया जाता है।

ए] हार्डडिस्कपैक।

बी] सीडी।

सी] फ्लॉपी डिस्क।

डी] इनमें से कोई नहीं।

प्रश्न 18. प्रत्येक ट्रैक को पच्चर के आकार के वर्गों में विभाजित किया जाता है जिन्हें सेक्टर कहा जाता है।

ए] सच।

बी] झूठा।

प्र.19. स्टोरेज डिवाइस हार्डवेयर है जो स्टोरेज मीडिया से डेटा और प्रोग्राम पढ़ता है।

ए] सच।

बी] झूठा।

प्र.20. डिस्क लेबल पर 2 HD का अर्थ है।

ए] दो तरफ, कम घनत्व।

बी] दोतरफउच्चघनत्व।

सी] एक तरफ उच्च घनत्व।

डी] इनमें से कोई नहीं।

प्र.21........... डिस्क में 120 एमबी भंडारण क्षमता होती है और ड्राइवर मानक 3.5" फ्लॉपी डिस्क पर डेटा को पढ़ने और संग्रहीत करने में भी सक्षम होते हैं।

ए] सुपरडिस्क।

बी] हायएफडी डिस्क।

सी] ज़िप डिस्क।

डी] इनमें से कोई नहीं।

प्रश्न 22. ज़िप डिस्क ओमेगा द्वारा निर्मित होते हैं और आमतौर पर 100 एमबी, 250 एमबी या 750 एमबी क्षमता 500 गुना अधिक होती है जैसे कि आज के मानक फ्लॉपी डिस्क।

ए] सच।

बी] झूठा।

प्रश्न 23. सीडी-आर का मतलब है।

ए] सीडी-रिकॉर्डकरनेयोग्य।

बी] सीडी-धावक।

सी] सीडी-रिसीवर।

डी] इनमें से कोई नहीं।

प्रश्न 24. प्रत्येक ट्रैक को पच्चर के आकार के खंडों में विभाजित किया जाता है जिन्हें कहा जाता है।

एक रास्ता।

बी] क्षेत्र।

सी] गोल।

डी] इनमें से कोई नहीं।

प्र.25. हार्ड डिस्क पैक हटाने योग्य भंडारण उपकरण हैं जिनका उपयोग भारी मात्रा में जानकारी के लिए किया जाता है।

ए] सच।

बी] झूठा।

प्रश्न 26. माध्यमिक भंडारण गैर-वाष्पशील है।

ए] सच।

बी] झूठा।

Q. 1 _________ मूल्यवान जानकारी को अनधिकृत पहुंच, रिकॉर्डिंग, प्रकटीकरण या विनाश से बचाने के लिए अपनाई जाने वाली प्रथा और सावधानियां हैं।

ए] नेटवर्क सुरक्षा

बी] डेटाबेस सुरक्षा

सी] सूचनासुरक्षा

डी] शारीरिक सुरक्षा

Q. 2 _________ प्लेटफॉर्म का उपयोग क्लाउड में सूचना की सुरक्षा और सुरक्षा के लिए किया जाता है।

ए] क्लाउडवर्कलोडप्रोटेक्शनप्लेटफॉर्म

बी] क्लाउड सुरक्षा प्रोटोकॉल

सी] एडब्ल्यूएस

डी] वन ड्राइव

प्र. 3 गोपनीय जानकारी से समझौता करना _______ के अंतर्गत आता है।

एक दोष

बी] धमकी

सी] भेद्यता

डी] हमला

Q. 4 किसी सिस्टम या नेटवर्क को नुकसान पहुंचाने, नुकसान पहुंचाने या खतरा पैदा करने के प्रयास को मोटे तौर पर _______ कहा जाता है

ए] साइबर अपराध

बी] साइबरअटैक

सी] सिस्टम अपहरण

डी] डिजिटल अपराध

Q. 5 CIA ट्रायड को अक्सर निम्नलिखित में से किसके द्वारा दर्शाया जाता है?

ए] त्रिभुज

बी] विकर्ण

सी] अंडाकार

डी] सर्कल

Q. 6 सूचना सुरक्षा से संबंधित, गोपनीयता निम्नलिखित में से किसके विपरीत है?

ए] क्लोजर

बी] प्रकटीकरण

सी] आपदा

डी] निपटान

Q. 8 _________ का अर्थ अज्ञात उपयोगकर्ताओं द्वारा संशोधन से डेटा की सुरक्षा है।

ए] गोपनीयता

बी] <u>वफ़ादारी</u>

सी] प्रमाणीकरण

डी] गैर-अस्वीकृति

Q. 9 _______ सूचना का अर्थ है, केवल अधिकृत उपयोगकर्ता ही जानकारी तक पहुँचने में सक्षम हैं।

ए] गोपनीयता

बी] वफ़ादारी

सी] गैर-अस्वीकृति

डी] <u>उपलब्धता</u>

प्र. 10 यह सूचना के मूल और प्रामाणिक उपयोगकर्ता की पहचान करने में मदद करता है। इसे यहाँ _________ के रूप में संदर्भित किया गया है

ए] गोपनीयता

बी] वफ़ादारी

सी] <u>प्रामाणिकता</u>

डी] उपलब्धता

Q. 11 डेटा __________ का उपयोग गोपनीयता सुनिश्चित करने के लिए किया जाता है।

ए] <u>एन्क्रिप्शन</u>

बी] लॉकिंग

सी] डिक्रिप्शन

डी] बैकअप

रोजगारयोग्यताकौशलकेबारेमेंअधिकएमसीक्यूप्रश्नउत्तर

1] प्लम्बर ------------ कल पाइप।

ए] मरम्मत

बी] मरम्मत

सी] मरम्मत थी

डी] मरम्मत की गई थी

उत्तर = डी

2] कुमार ----------- एक अच्छा बढ़ई।

ए] हैं

बी] कर सकते हैं

सी]बी

डी] is

उत्तर = डी

3] कल आओ और दरवाज़ा ठीक करो यह वाक्य है -------

ए]पूछताछ

बी] अनिवार्य

सी] विस्मयादिबोधक

डी] कोई नहीं

उत्तर = बी

4] सीटीएस प्रशिक्षण कितना प्रभावी रहा है! यह वाक्य _________ है

ए] विस्मयादिबोधक

बी] अनिवार्य

सी] घोषणात्मक

डी] कोई नहीं

उत्तर = ए

5] अपने बॉस को संबोधित करते समय, आपको ------------ होना चाहिए।

ए] असभ्य

बी] अनौपचारिक

सी] औपचारिक

डी] कोई नहीं

उत्तर = सी

6] ग्राहक ने महिला कार्यपालक से अनुरोध किया कि वह प्रदर्शित करें विभिन्न मोबाइल फोन मॉडल। ग्राहक ने -------- मोबाइल की कीमत भी बताने को कहा।

ए] उसे

बी] उसका

सी] उसके

डी] आईटी

उत्तर = सी

7]आईटीआई प्राचार्य ने मनोज को बुलाया। प्राचार्य ने पूछा -------
सीटीएस परीक्षा के लिए ----- हॉल टिकट दिखाने के लिए।

ए] उसे,

बी] उसे,

सी] उसे,

डी] उसका,

उत्तर = ए

8] नमस्ते, आप कैसे हैं? क्या हो रहा है? - ये ---------- के उदाहरण हैं।

ए] औपचारिक संचार

बी] अनौपचारिक संचार

सी] विनम्र संचार

डी] कोई नहीं

उत्तर = बी

9] आप काम पर कैसे आते हैं? आपकी योग्यता क्या है? -

ये ---------- के उदाहरण हैं।

ए] औपचारिक संचार

बी] अनौपचारिक संचार

सी] असभ्य संचार

डी] अनुचित संचार

उत्तर = ए

10] यदि आप किराना स्टोर में अपने पर्यवेक्षक से मिलते हैं, तो आप ------------ करेंगे।

ए] अपना चेहरा मोड़ो और चले जाओ

बी] उसके पास दौड़ो और उसे गले लगाओ

सी] उसे औपचारिक रूप से बधाई दें

डी] उसे अनौपचारिक रूप से बधाई दें

उत्तर = सी

11] जब आप किसी प्रशिक्षु से पेचकस उधार लेते हैं, तो आपको

कहो, '--------

ए] मुझे अपना स्क्रूड्राइवर दें

बी] क्या आप मुझे अपना पेचकस दे सकते हैं?

सी] आपके पास कितना अच्छा स्क्रूड्राइवर है!

डी] मुझे अपना पेचकस छोड़ दो

उत्तर = बी

12] कंपनी ने बढ़ई से एक बॉक्स डिजाइन करने के लिए कहा

दिए गए आयाम। जब इसे मंजूरी मिली, तो उन्होंने बहुत कुछ बनाया

अधिक -------------- कंपनी के लिए।

एक बक्सा

बी] अलमारियाँ

सी] बक्से

डी] संख्या

उत्तर = सी

13] भव्य, बड़ा, पतला, लंबा, चौकोर, चमकीला, नुकीला, कठोर ---------- के उदाहरण हैं।

ए] शब्दों का वर्णन

बी] क्रिया शब्द

सी] सर्वनाम

डी] नामकरण शब्द

उत्तर = ए

14] मेज, तार, सॉकेट, केबल, हथौड़ा, कील, पाइप, मोटर, रेफ्रिजरेटर ----------- के उदाहरण हैं।

ए] क्रिया शब्द

बी] सर्वनाम

सी] शब्दों का वर्णन

डी] नामकरण शब्द

उत्तर = डी

15] फिक्स, नाप, पुल, लिफ्ट, ग्राइंड, मिक्स, ऑपरेट----------- के उदाहरण हैं।

ए] Vpronouns

बी] क्रिया शब्द

सी] शब्दों का वर्णन

डी] नामकरण शब्द

उत्तर = बी

16] अल्पविराम, पूर्ण विराम, प्रश्नवाचक चिह्न ----------- के उदाहरण हैं।

डिजाइन

बी] विराम चिह्न

सी] औपचारिक संचार

डी] कोई नहीं

उत्तर = बी

17] आपसे अनुरोध है कि दिए गए असाइनमेंट को पूरा करें सोमवार। यह --------------------- का उदाहरण है।

ए] असभ्य संचार

बी] औपचारिक संचार

सी] अनौपचारिक संचार

डी] मौखिक संचार

उत्तर = बी

18] हावभाव, चेहरे के भाव, आँख से संपर्क ---------- के उदाहरण हैं।

ए] मौखिक संचार

बी] गैर-मौखिक संचार

सी] अभिनय कौशल

डी] संचार कौशल

उत्तर = बी

19] मुझे कार्यस्थल की सुरक्षा के बारे में शिकायतें मिली हैं।

कृपया उन्हें तुरंत जांचें और मेरे साथ विवरण साझा करें। यह ----------का उदाहरण है।

ए] आकस्मिक संचार

बी] औपचारिक कार्यस्थल संचार

सी] अनौपचारिक संचार

डी] अनौपचारिक कार्यस्थल संचार

उत्तर = बी

20] अभिवादन आपको ---------- में मदद करता है।

ए] किसी ऐसे व्यक्ति के साथ संबंध स्थापित करें जिससे आप औपचारिक और अनौपचारिक स्थितियों में मिलते हैं।

बी] औपचारिक परिस्थितियों में मिलने वाले किसी व्यक्ति के साथ संबंध स्थापित करें।

सी] किसी ऐसे व्यक्ति के साथ संबंध स्थापित करें जिससे आप अनौपचारिक परिस्थितियों में मिलते हैं।

डी] सौहार्दपूर्ण संबंध स्थापित करें

उत्तर = ए

21] जब आप आईटीआई के अंदर या बाहर इंस्ट्रक्टर से मिलते हैं, तो यह ------------- होता है।

ए] हमेशा औपचारिक

बी] हमेशा अनौपचारिक

सी] आईटीआई के अंदर औपचारिक

डी] आईटीआई के बाहर अनौपचारिक

उत्तर = ए

22] साक्षात्कार के संदर्भ में ---------------- अभिवादन का प्रयोग करना है।

एक औपचारिक

बी] अनौपचारिक

सी] दोस्ताना

डी] सौहार्दपूर्ण

उत्तर = ए

23] जब आप किसी बैंक में पूछताछ करते हैं, तो यह -------------------- स्थिति होती है।

ए] एक अनौपचारिक

बी] एक औपचारिक

सी] एक दोस्ताना

डी] एक आकस्मिक

उत्तर = बी

24 COVID-19 महामारी के दौरान, हाथ मिलाने की तुलना में --------- और नमस्ते कहने से बेहतर है ---

गले लगना,

बी] हाथ लहराते हुए हाथ,

सी] हाथ पकड़कर गले लगाओ,

डी] गले लगाओ कोई नहीं

उत्तर = बी

25] एक अच्छा ----------------------- एक अच्छा पहला प्रभाव बनाने में मदद करता है।

एक परिवार

बी] दोस्त

सी] आत्म-परिचय

D। उपरोक्त सभी

उत्तर = सी

26] हमें -------------------- संदर्भ में सहकर्मियों, साथियों और वरिष्ठों का परिचय देना पड़ सकता है।

ए] आत्म-परिचय

बी] अनौपचारिक

सी] औपचारिक

डी] आधिकारिक

सी

27] एक त्वरित आत्म-परिचय कहा जाता है ----------------

ए] ऊंचाई पिच

बी] लिफ्ट टोन

सी] लिफ्ट पिच

डी] ऊंचाई टोन

उत्तर = सी

28] जब तुम अपके पिता के साथ किसी मित्र की ब्याह में सम्मिलित होते हो, अपने पिता को अपने दोस्त से मिलवाना पड़ सकता है और आपका अपने पिता के लिए दोस्त। यह किस तरह की स्थिति है?

ए] लिफ्ट पिच

बी] औपचारिक

सी] अनौपचारिक

डी] ऊंचाई टोन

उत्तर = सी

29] बिजली के उपकरणों में ग्राहक बिक्री कार्यकारी के रूप में शोरूम, आपका अभिवादन और आपका परिचय आपके पर्यवेक्षक का प्रशिक्षक __________ होगा

ए] वर्णनात्मक

बी] औपचारिक

सी] अनौपचारिक

डी] लिफ्ट टोन

उत्तर = बी

30] ---------------------- बहुत अच्छे व्यवहार वाले व्यक्ति हैं, एक उदाहरण के रूप में उपलब्धियां और नेतृत्व।

ए] ग्राहक सेवा अधिकारी

बी] बिक्री पर्यवेक्षक

सी] आईटीआई प्रशिक्षक

डी] रोल मॉडल

उत्तर = डी

31] रोल मॉडल ---------------------- लोग उनका अनुसरण करें।

ए] एलिवेट

बी] निर्देश

सी] प्रेरणा

डी] कोई नहीं

उत्तर = सी

34] किसी व्यक्ति में अपूर्णताओं के समूह को ---------------------- कहा जाता है

ए] ताकत

बी] ऊंचाई

सी] नकल

डी] कमजोरियां

उत्तर = डी

37] जब हम अपने वरिष्ठों, प्रबंधकों और बॉस का अभिवादन करते हैं तो हम उनका अभिवादन करते हैं ----------------------।

ए] अनौपचारिक रूप से

बी] लापरवाही से

सी] औपचारिक रूप से

डी] उदासीनता

उत्तर = सी

39] जिसे हम शब्दों के बिना, लेकिन बॉडी लैंग्वेज से संप्रेषित करते हैं, वह ---------------------- का उदाहरण है

ए] मौखिक संचार

बी] औपचारिक संचार

सी] अनौपचारिक संचार

डी] गैर-मौखिक संचार

उत्तर = डी

40 पारस्परिक रूप से सहमत समाधान खोजने के लिए दूसरों के साथ काम करना ---------------------- कहलाता है

ए] अनुनय

बी] संचार

सी] बातचीत

डी] अभिकथन

उत्तर = सी

42] 'सुप्रभात', 'आपसे मिलकर अच्छा लगा', 'आप कैसे हैं?' --------------- के उदाहरण हैं

ए] औपचारिक अभिवादन

बी] अनौपचारिक अभिवादन

सी] वरिष्ठ

डी] संगठन

उत्तर = ए

43 ईमेल, पत्र, मेमो, आदेश लिखना, फॉर्म भरना, मिनट, अनुबंध, प्रस्ताव और कोटेशन उदाहरण हैं ----------------------------- कार्यस्थल संचार।

ए] अनौपचारिक

बी] गैर-मौखिक

सी] औपचारिक

डी] मौखिक

उत्तर = बी

44] छुट्टी पत्र लिखना ------------------------ संचार का हिस्सा है।

ए] औपचारिक कार्यस्थल

बी] अनौपचारिक कार्यस्थल

सी] गैर-मौखिक कार्यस्थल

डी] कोई नहीं

उत्तर = ए

50] ------------ का अर्थ उस स्थान के निकट का परिवेश है जिसमें कोई रहता है।

ए] कार्यस्थल

बी] सुविधाएं

सी] शहर

डी] पड़ोस

उत्तर = डी

52] हम ----------पुस्तकालय से पुस्तकें।

ए] खरीदें

बी] बेचना

सी] उधार

डी] कोई नहीं

उत्तर = सी

54] क्षेत्रफल --------------------- है क्योंकि इसमें घरों में काफी पैसा खर्च होता है।

एक सुंदर

बी] महंगा

सी] सुरक्षित

डी] बड़ा

उत्तर = बी

55] मेरे पड़ोस में ---------------------- अपार्टमेंट हैं।

ए] विशाल

बी] स्कूल

सी] दयालु

डी] ताजा

उत्तर = ए

56] यह एक ---------------------- इलाका है। किसी को डरने की जरूरत नहीं है।

बोरिंग है

बी] सुरक्षित

सी] स्कूल

डी] ताजा

उत्तर = बी

57] मोहल्ले में पानी की किल्लत है। क्षेत्र ------------- है।

ए] प्रदूषित

बी] शोर

सी] सूखा

डी] असमान

उत्तर = सी

58 कुछ ग्रामीण क्षेत्रों में परिवहन कठिन है क्योंकि सड़कें ----------- हैं।

ए] प्रदूषित

बी] सूखा

सी] विशाल

डी] असमान

उत्तर = डी

59 एक बड़ा खेल का मैदान है ------------------------- हमारा घर।

ए] पर

बी] में

सी] निकट

डी] ओवर

उत्तर = सी

60 हमारे पड़ोस में ------------------- फूलों वाला एक बगीचा है।

एक सुरक्षित

बी] स्पष्ट

सी] प्यारा

डी] कोई नहीं

उत्तर = सी

66 वर्षा जल संचयन ----------------------- पानी की कमी को रोकने के लिए।

ए] देता है

बी] दिया

सी] मदद

डी] मदद करता है

उत्तर = डी

71 ------------------------------ कम्प्यूटर के प्रयोग के बाद प्रतिदिन।

ए] चालू करें

बी] स्विच ऑन

सी] बंद करें

D] उपरोक्त सभी

उत्तर = सी

73 बागबानी, पढ़ना, डाक टिकट संग्रह करना, गाना ----------- शौक के कुछ उदाहरण।

ए] is

बी] था

सी] थे

हिम्मत

उत्तर = डी

74 जोग जलप्रपात भारत में दूसरा ------------------------ जलप्रपात है।

ए] सबसे लंबा

बी] उच्चतम

बी] उच्च

सी] लंबा

उत्तर = बी

75 विश्व का ------------------------ समुद्र तट तमिलनाडु में बंगाल की खाड़ी के साथ है।

ए] उच्चतम

बी] लंबा

सी] सबसे लंबा

डी] उच्च

उत्तर = सी

76 आधुनिक विश्व के सात --------------- में से एक उत्तर प्रदेश के आगरा में स्थित है।

एक आश्चर्य

बी] घूमना

सी] घूमना

डी] चमत्कार

उत्तर = डी

96 लेंस का एकवचन रूप _______ है

ए] लेंस

बी] लेन

सी] लेंस

डी] लेंस

उत्तर = ए

97 कौन सा शब्द विशेषण है______

एक सुंदर

बी] पार्क

सी] वेव

डी] सागर

उत्तर = ए

98 गलत संचार के कारण ------------------ हो सकता है।

ए] संबंध बनाएं

बी] गलतफहमी पैदा करें

सी] सफल योजना

डी] प्रभावी परिणाम देखें

उत्तर = बी

99 प्रभावी संचार के लिए ------------------

ए] सुनते रहो।

बी] बात करते रहो।

ग] ध्यान से सुनें और बात करें।

D] ध्यान से सुनें लेकिन बेवजह बात करें।

उत्तर = सी

100 प्राइमरी स्टोरेज डिवाइस हैं ------------------

एक डीवीडी

बी] सीडी

रत्ता मार,

डी] यूएसबी

उत्तर = सी

101 तनाव क्या है?

ए] खुशी की अनुभूति

बी] आश्चर्य की भावना

सी] खुशी की अनुभूति

डी] निराशा/निराशा की भावना

उत्तर = डी

102 आदत बनने में कितने दिन लगते हैं?

ए] 10

बी] 11

सी] 15

डी] 21

उत्तर = डी

103 फैक्ट्री अधिनियम ----------------- में पेश किया गया था।

ए] 1948

बी] 1956

सी] 1949

डी] 1980

उत्तर = ए

104 मजदूरी का भुगतान किया जाता है ----------------।

दैनिक

बी] मासिक

सी] त्रैमासिक

डी] वार्षिक

उत्तर = बी

105 जब एक कार्यकर्ता द्वारा सर्वोत्तम उत्पादन लाने में योगदान दिया जाता है उपलब्ध संसाधनों का उपयोग करते हुए, कार्यकर्ता ----------------- है।

ए] उत्पादक

बी] प्रभावी

सी] विश्वसनीय

डी] स्वार्थी

उत्तर = ए

106 पीपीई का मतलब ---------------------

ए] व्यक्तिगत उत्पादक उपकरण

बी] व्यक्तिगत सुरक्षा उपकरण

सी] उत्पादक व्यक्तिगत उपकरण

डी] व्यक्तिगत सुरक्षा इंजन

उत्तर = बी

107----- की पेशकश करके उत्पादकता बढ़ाई जा सकती है।

ए] केवल प्रशिक्षण

बी] केवल जॉबसाइट अनुभव

सी] प्रशिक्षण और नौकरी का अनुभव

डी] प्रोत्साहन

उत्तर = सी

108 ----------------- हाथों को कटने, जलने या हानिकारक तरल पदार्थों से बचाएं।

ए] काले चश्मे

बी] दस्ताने

सी] कान प्लग

डी] हेलमेट

उत्तर = बी

109 इनमें से कौन इंटीरियर डिजाइनरों के लिए आईटीआई के बाद प्रवेश स्तर की नौकरी नहीं है?

एक विशेषज्ञ

बी] इंटर्न

सी] जूनियर इंटीरियर डिजाइनर

डी] डिजाइन सहायक

उत्तर = ए

110 गुणवत्ता प्रबंधन प्रणाली समस्या समाधान के लिए कुछ उपकरणों का उपयोग करती है। निम्नलिखित में से कौन उनमें से एक नहीं है?

ए] फिशबोन आरेख

बी] 5डी और 5एस तरीके

सी] 4डी और 4एस तरीके

डी] काइज़न सिद्धांत

उत्तर = सी

111 आईएसओ का मतलब ----------------- है।

ए] मानकीकरण के लिए अंतर्राष्ट्रीय आदेश

बी] मानकीकरण के लिए अंतर्राष्ट्रीय आयोजक

सी] स्थिरीकरण के लिए अंतर्राष्ट्रीय संगठन

डी] मानकीकरण के लिए अंतर्राष्ट्रीय संगठन

उत्तर = डी

112 बीआईएस का मतलब ----------------- है।

ए] भारतीय मानक ब्यूरो

बी] अंतरराष्ट्रीय मानक ब्यूरो

C] भारतीय राज्यों का ब्यूरो

डी] भारतीय मानक बोर्ड

उत्तर = ए

113 व्यावसायिक विचार ---------------------- होना चाहिए।

ए] केवल मेरी जरूरतों को पूरा करें

बी] किसी की समस्या का समाधान

सी] दुनिया बचाओ

डी] उपरोक्त में से कोई नहीं

उत्तर = बी

114 सोशल मीडिया में, हम अपनी भावनाओं और भावनाओं को व्यक्त करने के लिए
------------- का उपयोग करते हैं।

ए] इमोजी

बी] इशारे

सी] आँख से संपर्क

डी] शारीरिक हलचल

उत्तर = ए

115 हम अपनी भावनाओं को व्यक्त करने के लिए ------------------------- इमोजी का
चयन करते हैं।

एक यादृच्छिक

बी] उतम

सी] विषम

डी] कोई नहीं

उत्तर = बी

117 जब हम परिस्थितियों या विशेष लोगों के साथ दृढ़ता से महसूस करते हैं या
प्रतिक्रिया करते हैं, तो हम अपने --------------- का उपयोग कर रहे हैं

ए] भावनाएं

बी] स्वास्थ्य

सी] पैसा

डी] कोई नहीं

ए

118 यह महत्वपूर्ण है ---------------------

ए] हमारी भावनाओं को स्वीकार करें, समझें और प्रबंधित करें

बी] हमारी भावनाओं को स्वीकार करें, गलत समझें और प्रबंधित करें

सी] हमारी भावनाओं को अस्वीकार, गलत समझें और प्रबंधित करें

डी] भावनाओं को स्वीकार और गलत समझें

उत्तर = ए

119 एक व्यक्ति की भावनाओं को ठीक से समझने और प्रबंधित करने की क्षमता को ----------------------- कहा जाता है।

ए] इंटेलिजेंस आर्टिफिशियल

बी] खुफिया भावनात्मक

सी] इंटेलिजेंस

डी] विभाजित व्यक्तित्व

उत्तर = सी

120 उच्च भावनात्मक बुद्धि वाले व्यक्ति के पास ------------------------ होता है।

ए] बहुत सारे नकारात्मक गुण

बी] अहंकार

सी] बहुत सारे सकारात्मक गुण

डी] एक नौकरी

उत्तर = सी

122 भावनाओं को प्रबंधित करने के लिए पहला कदम ------------- है। स्वीकार करें और

ए] भावनाओं को समझें

बी] भावनाओं को व्यक्त करें

सी] भावनाओं का प्रबंधन

डी] भावनाओं को अस्वीकार करें

उत्तर = ए

126 औपचारिक रूप से अपना परिचय देने की प्रक्रिया को क्या कहते हैं?

ए] भर्ती

बी] निर्णय

सी] आत्म-परिचय

डी] मांगना

उत्तर = सी

127 एक अच्छा आत्म-परिचय ----------------- निर्णय लेने में मदद करेगा।

ए] चैटिंग

बी] स्थानांतरण

सी] भर्ती

डी] परिवार

उत्तर = सी

128 हम सभी ----------------------- कोर्स पूरा होने पर।

ए] ऊब महसूस करो

बी] नौकरियों की तलाश करें

सी] आराम महसूस करें

डी] स्वतंत्र महसूस करें

उत्तर = बी

130 अच्छा आत्म-परिचय बनाने में मदद करता है -----------------------

ए] नकारात्मक प्रभाव

बी] पैसा अच्छा

सी] सकारात्मक प्रभाव

डी] नियुक्ति का प्रस्ताव

उत्तर = सी

131 स्व-परिचय को दिखाना चाहिए कि कैसे ----------------------- आपके हैं।

एक सुस्त

बी] आश्वस्त

सी] गुस्सा

डी] कमजोर

उत्तर = बी

132 स्वयं के संक्षिप्त सारांश को ----------------------- कहा जाता है।

ए] गुस्सा स्वर

बी] आसान भाषण

सी] लिफ्ट पिच

डी] भावनात्मक बात

उत्तर = सी

134 एक साक्षात्कार में सबसे अधिक बार पूछे जाने वाला प्रश्न है ------------------

ए] मुझे अपने बारे में बताओ

बी] प्रतिक्रिया

सी] संगरोध क्या है?

डी] मेरी कलम कहाँ है?

उत्तर = ए

135 इंटरनेट पर किसी व्यक्ति के बारे में सब कुछ जैसे प्रोफ़ाइल ऑन फेसबुक, ट्विटर और इंस्टाग्राम को ----------------------- कहा जाता है

ए] ऑनलाइन प्रोफाइल या डिजिटल

बी] पदचिह्न

सी] सोशल मीडिया पारिस्थितिकी तंत्र

डी] नेटवर्किंग

उत्तर = ए

136 दिए गए विकल्पों में से पेशेवर नेटवर्किंग प्लेटफॉर्म की पहचान करें।

ए] फेसबुक

बी] स्नैपचैट

सी] लिंक्डइन

डी] व्हाट्सएप

उत्तर = सी

137 जब आप कंपनियों के बारे में जानने के लिए लिंक्डइन को एक्सप्लोर करते हैं, तो इसका

नियोक्ता, उद्योग अपडेट प्राप्त करें, आदि, आप इसकी खोज कर रहे हैं -----

ए] कोई नहीं

बी] नेटवर्किंग

सी] अपने ब्रांड का निर्माण

डी] एक शोध उपकरण के रूप में

उत्तर = डी

138 जब किसी व्यक्ति को इस बात की जानकारी दी जाती है कि वह किसी लक्ष्य तक पहुँचने के प्रयास में कैसा कर रहा है, तो उसे ---------------------- कहा जाता है।

ए] सत्यापन

बी] तर्क

सी] प्रतिक्रिया

डी] भयावह

उत्तर = सी

139 ऐसी जानकारी देना जिससे किसी व्यक्ति पर हमला न हो, लेकिन व्यवहार में संभावित बदलाव आए, उसे ---------------------- कहा जाता है।

एक सुझाव

बी] मनभावन

सी] प्रभावी प्रतिक्रिया

डी] कोई नहीं

उत्तर = सी

140 जब आपका प्रशिक्षक उद्योग यात्रा को रद्द करने का निर्णय लेता है, तो आपको लगता है कि ----------

ए] भ्रमित महसूस करें

बी] निराश महसूस करें

सी] तनाव महसूस करें

डी] खुशी में कूदो

उत्तर = बी

141 जब दूसरे आपको देखते हैं और आपके प्रदर्शन के बारे में जो महसूस करते हैं उसे साझा करते हैं, तो वे ------------

ए] आपको बुरा महसूस कराना चाहते हैं

बी] आपको पसंद नहीं है

सी] आपके दुश्मन हैं

डी] आपको सुधार के लिए प्रतिक्रिया दे रहे हैं

उत्तर = डी

142 एक कर्मचारी को पर्यवेक्षकों, मानव संसाधन और अन्य सहयोगियों से प्रतिक्रिया मिलती है

ए] सुधार

बी] बुरा लग रहा है

सी] अपमानित होना

डी] असहज महसूस करें

उत्तर = ए

143 नकारात्मक प्रतिक्रिया आमतौर पर दी जाती है ----------------------।

ए] रचनात्मक रूप से

बी] हतोत्साहित करने के लिए

सी] रिसीवर को चोट पहुंचाने के लिए

डी] मनोबल गिराने के लिए

उत्तर = ए

144 अपने सुनने के कौशल में सुधार करने और एक बेहतर संचारक बनने के लिए, आपको ------------------

ए] सक्रिय रूप से सुनना शुरू करें

बी] सुनने को अनदेखा करें

सी] उदासीन होना

डी] आंशिक रूप से सुनें

उत्तर = ए

145 "आपका असाइनमेंट आपकी कक्षा के अन्य लोगों की तरह नहीं है। तुम पढ़ाई क्यों नहीं कर रहे हो?" ------------------- का उदाहरण है

ए] सकारात्मक प्रतिक्रिया

बी] उत्साहजनक टिप्पणियां

सी] नकारात्मक प्रतिक्रिया

डी] सामान्य टिप्पणी

उत्तर = सी

146 सकारात्मक टिप्पणियों के बाद सुधार के लिए सुझाव देना और सकारात्मक टिप्पणियों के साथ समापन करना ------------ कहलाता है।

ए] नकारात्मक प्रतिक्रिया

बी] सुनने की तकनीक

सी] बर्गर फीडबैक तकनीक

डी] सकारात्मक प्रतिक्रिया

उत्तर = सी

147 जब आप फीडबैक देते हैं, तो श्रोता को बताएं कि आप प्रदान कर रहे हैं --------।

ए] नकारात्मक प्रतिक्रिया

बी] टिप्पणियाँ

सी] सुधार के लिए रचनात्मक प्रतिक्रिया

डी] सुझाव

उत्तर = सी

148 आत्म-प्रतिबिंब --------------------- की प्रक्रिया है।

ए] टिप्पणी करना

बी] अंदर की ओर देख रहे हैं

सी] प्रतिक्रिया

डी] आगे देख रहे हैं

उत्तर = बी

149 जब हम सोचने और अपनी बातों पर ध्यान देने के लिए समय निकालते हैं विचार, भावना, निर्णय और व्यवहार, इसे कहते हैं ---

ए] रचनात्मक आलोचना

बी] सकारात्मक प्रतिक्रिया

सी] नकारात्मक प्रतिक्रिया

डी] आत्म-प्रतिबिंब

उत्तर = डी

150 उन चीजों की पहचान करना जो हमारे नियंत्रण में हैं और जो कि हमारे नियंत्रण में नहीं हैं, हमें ---------------- होने में मदद करता है

ए] अधिक आत्म-जागरूक

बी] शांतिपूर्ण

सी] कोई नहीं

डी] निराश

उत्तर = ए

151 आधिकारिक बातचीत ----------------------- का हिस्सा हैं।

ए] अनौपचारिक संचार

बी] औपचारिक संचार

सी] रिज्यूमे

डी] परिवार

उत्तर = बी

152 परिवार के सदस्यों के बीच घर पर बातचीत या आकस्मिक कर्मचारियों के बीच बातचीत ---------------------- है।

ए] औपचारिक संचार

बी] चर्चा

सी] कोई नहीं

डी] अनौपचारिक संचार

उत्तर = डी

153 सिंगल स्ट्रैंड कम्युनिकेशन, गॉसिप, क्लस्टर और प्रायिकता ---------------------- के उदाहरण हैं।

ए] अनौपचारिक संचार

बी] प्रतिक्रिया

सी] औपचारिक संचार

डी] बर्गर फीडबैक

उत्तर = ए

154 साझा करने के लिए बोलकर या लिखकर शब्दों का प्रयोग करना सूचना, विचार या विचारों को ---------------------- कहा जाता है।

ए] गैर-मौखिक संचार

बी] प्रतिक्रिया

सी] मौखिक संचार

डी] कोई नहीं

उत्तर = सी

155 अच्छा मौखिक संचार ----------------------- करने में मदद करता है

ए] स्पष्ट रूप से संवाद करें

बी] लोगों को भ्रमित करता है

सी] अपमानजनक है

डी] असभ्य है

उत्तर = ए

156 जब हम पत्र, ईमेल, संदेश आदि लिखते हैं, तो हम उपयोग कर रहे हैं ----------------

ए] रोजगार क्षमता

बी] मौखिक संचार

सी] गैर-मौखिक संचार

डी] कोई नहीं

उत्तर = बी

157 केवल इशारों, शरीर का उपयोग करके शब्दों के बिना संचार करना

भाषा, चेहरे के भाव आदि को ---------------------- कहते हैं

ए] फीडबैक

बी] मौखिक संचार

सी] साक्षात्कार

डी] गैर-मौखिक संचार

उत्तर = डी

158 संदेशों को प्राप्त करने और सटीक रूप से व्याख्या करने की क्षमता

संचार प्रक्रिया को ----------------- कहते हैं।

ए] सुनना

बी] बोलना

सी] पढ़ना

डी] लेखन

उत्तर = ए

159 अच्छा सुनने का कौशल श्रमिकों को बनाता है -----------------। उत्पादक गैर-

जिम्मेदार पागल अकुशल A

160 रेडियो, टेलीविजन शो आदि सुनना एक उदाहरण है -

ए] सक्रिय सुनना

बी] गैर-मौखिक संचार

सी] निष्क्रिय सुनना

डी] मौखिक संचार

उत्तर = बी

161 वक्ता पर ध्यान देना, बीच में न आना, लेना

प्रश्न पूछने या उत्तर देने से पहले समझने का समय ----------------- है।

ए] निष्क्रिय सुनना

बी] व्याख्यान

सी] सक्रिय सुनना

डी] स्वीकार करना

उत्तर = सी

162 जब समाज यह तय करता है कि हमें कैसा व्यवहार करना है और इसे हम पर थोपना है, तो इसे निर्माण करना कहा जाता है ----------

ए] मुक्त समाज

बी] समानता लिंग

सी] स्टीरियोटाइप्स

डी] प्रवर्तन

उत्तर = सी

164 एक साक्षात्कार में भाग लेने के लिए एक महत्वपूर्ण दस्तावेज है

एक कवर पत्र

बी] फिर से शुरू

सी] पत्र छोड़ दो

डी] कोई नहीं

उत्तर = बी

165 ए ---------------------- आपका सारांश है

ए] व्यक्तिगत अनुभव,

बी] कौशल और शिक्षा इतिहास।

सी] प्रतिक्रिया पत्र

डी] कहानी फिर से शुरू करें

उत्तर = सी

166 अपना करियर शुरू करते समय सभी का सामना करने वाला महत्वपूर्ण कदम है -

A] प्रसन्न महसूस कर रहा है

बी] एक साक्षात्कार का सामना करना पड़ रहा है

सी] दौरे पर जा रहे हैं

डी] आराम

उत्तर = बी

168 ग्राहक आमतौर पर ------------------ जब उनके पास खराब अनुभव होता है।

ए] दोस्तों को सलाह दें

बी] कंपनी के साथ व्यापार करना जारी रखें

सी] एक प्रतियोगी के लिए स्विच करें

डी] कंपनी के साथ सौदा

उत्तर = सी

169 एक कर्मचारी प्रतिदिन कार्यालय में देरी से आता है। वह नहीं है -

ए] चुप

बी] समय का पाबंद

सी] आत्मविश्वासी

डी] साफ

उत्तर = बी

171 औपचारिक लिखित संचार का इलेक्ट्रॉनिक रूप है कि इंटरनेट के माध्यम से कई लोगों को भेजा जा सकता है दुनिया को -------------- कहा जाता है।

ए] ईमेल

बी] टाइपिंग

सी] छपाई

डी] लेखन

उत्तर = ए

172 औपचारिक संचार का सबसे प्रभावी तरीका है -----------

ए] चैटिंग

बी] ट्वीटिंग

सी] टाइपिंग

डी] ईमेल

उत्तर = डी

ईमेल में 173 सीसी का मतलब ---------------------- होता है।

ए] कुर्सी कॉपी

बी] बच्चे की नकल

सी] कार्बन कॉपी

डी] चार्ट कॉपी

उत्तर = सी

ईमेल में 174 बीसीसी का मतलब ---------------------- होता है।

ए] ब्लाइंड चेयर कॉपी

बी] नेत्रहीन बच्चे की नकल

सी] ब्लाइंड चार्ट कॉपी

D] ब्लाइंड कार्बन कॉपी

उत्तर = डी

175 जब आप अपना बायोडाटा ईमेल के माध्यम से भेजते हैं, तो आप इसे --------- के रूप में भेज रहे हैं

ए] ड्राइवर अटैचमेंट

बी] चिह्नित पाठ

सी] कुकी

डी] विज्ञापन

उत्तर = बी

176 जब आपका सहपाठी आपके प्रदर्शन पर सुझाव दे रहा है, तो आपको प्राप्त हो रहा है -----------------

ए] ग्राहक संपर्क

बी] लिफ्ट पिच

सी] प्रतिक्रिया

डी] एक पुरस्कार

सी

177 पावरपॉइंट फाइलों में ---------------- एक्सटेंशन होते हैं।

ए].डॉक

बी] .xls

सी] .jpg

डी] .pptx

उत्तर = डी

178 शॉर्टकट कुंजियाँ Ctrl+C, Ctrl+V, Ctrl+S मतलब -----------------------।

ए] सेव, कट, कॉपी

बी] कट, सेव, कॉपी

सी] कॉपी, पेस्ट, सेव

डी] कट, कॉपी, सेव

उत्तर = सी

179 पावरपॉइंट में Esc दबाने पर ----------------------- हो सकता है।

ए] एक नई स्लाइड जोड़ें

बी] स्लाइड शो शुरू करें

सी] अंत स्लाइड शो

डी] एक नई प्रस्तुति बनाएं

उत्तर = सी

180 एक नई प्रस्तुति बनाने के लिए, ----------------------- चुनें।

ए] Ctrl+C

बी] Ctrl+V

सी] Ctrl+B

डी] Ctrl+N

उत्तर = डी

182 छवियों को सहेजने के लिए सबसे अनुकूल प्रारूप ---------------- है।

ए] पीडीएफ

बी] जेपीजी

सी] xls

डी] डॉक्टर

उत्तर = बी

183 एक्सेल का प्रयोग ------------ के लिए किया जाता है।

ए] सभी आकारों के दस्तावेज़ सहेजें और साझा करें

बी] टाइप की गई दस्तावेज़ फ़ाइलें बनाएं

सी] विभिन्न कार्यों के साथ स्प्रेडशीट बनाएं

D] विस्तृत क्षेत्र के लिए प्रस्तुतियाँ बनाएँ

उत्तर = सी

185 जेपीजी का अर्थ ---------------------- है।

ए] जूनियर फोटोग्राफी ग्रुप

बी] संयुक्त फोटो समूह

सी] संयुक्त फोटोग्राफिक समूह

डी] जूनियर फोटोग्राफिक ग्रुप

उत्तर = सी

186 एसवीजी फ़ाइल का अर्थ ---------------------- है।

ए] स्केलेबल वेन ग्राफिक्स फ़ाइल

बी] वरिष्ठ वेक्टर ग्राफिक्स

C] स्केलेबल वेन ग्लिट्ज

डी] स्केलेबल वेक्टर ग्राफिक्स

उत्तर = डी

187 लाइव संगोष्ठियों और चर्चाओं में भाग लेने वाले ----------- सक्षम होने पर ----------- कर सकते हैं।

ए] जानकारी

बी] देखें

सी] बातचीत

डी] सुनो

उत्तर = सी

188 वाई-फाई का मतलब ------------------------------------ वायरलेस सिग्नल है।

ए] वायरलेस फिडेलिटी

बी] वायरलेस फिनिश

सी] वायरलेस फिलामेंट

डी] वायरलेस फर्मामेंट

उत्तर = ए

189 ----- एक वायरलेस प्रौद्योगिकी मानक है जिसका उपयोग कम दूरी पर स्थिर और मोबाइल उपकरणों के बीच डेटा के आदान-प्रदान के लिए किया जाता है।

ए] वाई-फाई

बी] वेबकास्टिंग

सी] ब्लूटूथ

डी] ईमेल

उत्तर = सी

190 जब हम अपने एंड्रॉइड स्मार्टफोन से कंप्यूटर पर फोटो और वीडियो को बड़ी स्क्रीन पर देखने के लिए साझा करते हैं तो हम ------------- होते हैं।

ए] टेलीकास्टिंग

बी] स्क्रीन मिररिंग

सी] ज़ूमिंग मीडिया

डी] ज़ूमिंग

उत्तर = बी

191 A ----------------- एक कंप्यूटर है जो अन्य कंप्यूटरों को डेटा प्रदान करता है।

ए] स्मार्टफोन

बी] लैपटॉप

सी] मॉडेम

डी] सर्वर

उत्तर = डी

193 मेघ के प्रतिबिम्ब का प्रयोग अक्सर ---------- को संदर्भित करने के लिए किया जाता है

ए] इंटरनेट

बी] सर्वर

सी] डेटा

डी] पाठ

उत्तर = ए

194 फ़ेसबुक से फ़ोटो और वीडियो पुनः प्राप्त करने के लिए, हमारे पास एक ---------- होना चाहिए

ए] व्यक्तिगत सर्वर

बी] इंटरनेट कनेक्शन के साथ डिवाइस

सी] हार्ड डिस्क

डी] प्रिंटर

उत्तर = बी

196 सिरी और एलेक्सा को _________ कहा जाता है

ए] मशीनें

बी] स्मार्ट सहायक

सी] भविष्यवक्ता

डी] रिकॉर्डर

उत्तर = बी

197 एक सफल उद्यमी होने का एक महत्वपूर्ण पहलू है___________

ए] उद्यमशीलता की मानसिकता रखने वाले

बी] पैसा कमाना

सी] समाज की सेवा

डी] जितना संभव हो उतने बाजारों में विस्तार करना

उत्तर = ए

198 यह जानना कि आप किसमें अच्छे हैं और आपको किसमें सुधार करने की आवश्यकता है, _______ की गुणवत्ता है

ए] आत्म-जागरूकता

बी] आत्म-विश्वास

सी] स्वतंत्र निर्णय

डी] ग्रिट बनाना

उत्तर = ए

199 स्वयं निर्णय लेना, उनके बारे में सोच समझकर निर्णय लेना _______ का गुण है

ए] आत्म-जागरूकता

बी] आत्म-विश्वास

सी] स्वतंत्र निर्णय

डी] ग्रिट बनाना

उत्तर = सी

200 एक प्रोटोटाइप क्या है?

ए] व्यापार विचार

B] व्यवसाय योजना में उत्पाद/सेवा टाइप करना

सी] उत्पाद / सेवा बेचना

D] किसी उत्पाद/सेवा का पहला संस्करण

उत्तर = डी

201 प्रभावी ढंग से नेटवर्क के लिए एक महत्वपूर्ण नियम है __________ उन्हीं लोगों से बात करें जो आपके संपर्क में रहें

ए] संपर्क

बी] बेचने पर ध्यान दें

सी] आपका उत्पाद

डी] अपने प्रतिस्पर्धियों की पहचान करें

उत्तर = बी

202 नेटवर्किंग __________ है

ए] नए दुश्मन बनाना

बी] अपनी प्रतिस्पर्धा की पहचान

सी] अन्य व्यवसायों और ग्राहकों के साथ संबंध बनाना

डी] एक सामाजिक नेटवर्क में शामिल होना

उत्तर = सी

205 अनीता ने अपने शिल्प व्यवसाय के लिए एक इंस्टाग्राम पेज शुरू किया। उसने __________ मार्केटिंग रणनीति का इस्तेमाल किया

ए] ऑनलाइन मार्केटिंग

बी] टैगलाइन

सी] पोस्टर

डी] नेटवर्किंग

उत्तर = ए

206 मानव संसाधन __________ हैं

ए] आपके पड़ोसी

बी] आपके कर्मचारी,

सी] कर्मचारी और अन्य सहायक

डी] आपके ग्राहक आपके प्रतिस्पर्धी

उत्तर = बी

207 निम्न में से कौन सा संसाधन नहीं है?

ए] कच्चा माल

बी] ग्राहक डेटाबेस

सी] लाभ अर्जित

डी] आपका बिस्तर

उत्तर = डी

208 जब आपको अपनी काबिलियत पर भरोसा है और खुद पर भरोसा है, तो आपके पास है

ए] खुले दिमाग

बी] सक्रियता

सी] अपने आप में विश्वास

डी] आशावाद

उत्तर = सी

209 आप आजीवन सीखने वाले हैं यदि आप_________

ए] पीएचडी प्राप्त करें

बी] बहुत पैसा कमाएं

सी] लंबे समय तक जीवित रहें

डी] बढ़ते रहें और अपने ज्ञान को जोड़ते रहें

उत्तर = डी

210 आजीवन शिक्षार्थी होने के लाभों में से एक है_______

ए] एक बेहतर निर्णय निर्माता बनना

बी] प्रसिद्ध हो रहा है

सी] बहुत सारे दोस्त बनाना

डी] शारीरिक रूप से फिट रहना

उत्तर = ए

212 किसी वस्तु की गुणवत्ता को एक निश्चित स्तर पर बनाए रखना कहलाता है

ए] संचार

बी] समस्या समाधान

सी] स्थिरता

डी] बातचीत

उत्तर = सी

218 किसी व्यक्ति द्वारा कुछ समय के लिए किए गए कार्य को _________ कहा जाता है

एक नौकरी

बी] करियर

सी] योजना

डी] विशेषज्ञ

उत्तर = ए

219 कोई भी कार्य या कार्य जिसके लिए व्यक्ति को भुगतान किया जाता है, उसे ______ कहा जाता है।

एक व्यवसाय

बी] प्रक्षेपण

सी] नौकरी

डी] योजना

उत्तर = सी

220 जब एक बढ़ई लकड़ी की कुर्सी बनाता है और इसके लिए भुगतान करता है, तो यह उसका __________ है

एक योजना

बी] खुशी

सी] नौकरी

डी] करियर

उत्तर = सी

222 करियर एक लंबी ट्रेन यात्रा की तरह है जहां ----------------------

कई स्टेशन हैं, कई स्टॉप हैं, मार्गों में कई बदलाव हैं।

ए] योजनाएं

बी] नौकरियां

सी] बढ़ता है

डी] सपने

उत्तर = बी

225 अपने मील के पत्थर को समय पर पूरा करने के लिए आपको जिन सामग्रियों और समर्थन की आवश्यकता होती है, उन्हें _____ कहा जाता है

ए] समयरेखा

बी] संसाधन

सी] स्थिति

डी] विवरण

उत्तर = ए

226 प्रत्येक मील के पत्थर को पूरा करने की तिथि निर्धारित करना __________ कहलाता है

ए] विवरण

बी] संसाधन

सी] समयरेखा

डी] कोई नहीं

उत्तर = सी

227 हमें आवश्यकता है ------- जब बाजार का रुझान बदलता है या जब हमारी वर्तमान नौकरी मौजूद नहीं रहती है।

ए] करियर पथ

बी] मॉडल

सी] वैकल्पिक करियर

डी] भुगतान

उत्तर = सी

228 जब आप किसी परिधान को हाथ से सिलना जानते हैं, तो मशीन का उपयोग करके इसे कैसे करना सीखना _______ कहलाता है

एक व्यवसाय

बी] रोजगार

सी] अपस्किलिंग

डी] सीखना

उत्तर = सी

230 नई चीजों को आजमाना और पुराने कामों को करने के नए तरीके खोजना ___________ कहलाता है

सौदेबाजी

बी] सहयोग

सी] नवाचार

डी] संचार

उत्तर = सी

231 We--------------- उचित तरीके से ताकि हम एक लाभदायक और स्वस्थ समझौता कर सकें।

ए] सहयोग करें

बी] बातचीत

सी] नवप्रवर्तन

डी] एलिवेट

उत्तर = बी

232 आपके द्वारा दी गई जानकारी पर प्रश्नचिह्न लगाकर स्मार्ट तरीके से सोचना प्राप्त करें ताकि आप नकली समाचारों से मूर्ख न बनें ___________ कहलाते हैं

सौदेबाजी

बी] नवाचार

सी] करियर

डी] महत्वपूर्ण सोच

उत्तर = डी

233 तीव्र परिवर्तनों के अनुकूल होने की क्षमता ___________ है

ए] नवाचार

बी] बातचीत

सी] सहयोग

डी] अनुकूलनशीलता

उत्तर = डी

234 जब हम दूसरों के साथ काम करते हैं, तो इसे ___________ कहा जाता है

ए] नवाचार

बी] करियर

सी] सहयोग

डी] निर्णय लेना

उत्तर = सी

236 एक व्यक्ति जो अपने करियर से जुड़ी नई चीजें सीखता है

और नवीनतम औद्योगिक विकास के साथ अप-टू-डेट है ___________

ए] रुकी हुई मानसिकता

बी] विकास मानसिकता

सी] सहयोग

डी] संचार

उत्तर = बी

237 एक व्यक्ति जो अपनी नौकरी खोने का खतरा होने पर भी नए कौशल सीखने के लिए आवश्यक कदम नहीं उठाता है _________

ए] खुले विचारों वाला

बी] खुले विचारों वाला नहीं

सी] अनुकूलनीय

डी] अक्षम

उत्तर = बी

238 एक भिन्न प्रकार के कार्य को करने के लिए कौशल के एक बिल्कुल नए सेट को सीखने की प्रक्रिया _________ है

ए] अपस्किलिंग

बी] रीस्किलिंग

सी] आईटीआई

डी] शिक्षुता

उत्तर = बी

239 यदि एक लकड़हारा जो अब तक साधारण कुल्हाड़ी का उपयोग करता है, एक विद्युत कुल्हाड़ी का उपयोग करना सीखता है, तो लकड़हारा _________ है

ए] रीस्किलिंग

बी] करियर

सी] महत्वपूर्ण

डी] अपस्किलिंग

उत्तर = डी

243 किसी व्यक्ति की कुछ करने की स्वाभाविक क्षमता और वह कितनी जल्दी कुछ सीख सकता है, _______________ कहलाती है

ए] अपस्किलिंग

बी] रीस्किलिंग

सी] करियर पथ

डी] योग्यता

उत्तर = डी

245 एक व्यक्ति एक निश्चित स्थान पर 40 घंटे में पहुँच सकता है। यदि वह अपनी गति 1/15 से कम कर देता है, तो वह उस समय में 5 किमी कम जाता है। उसके द्वारा तय की गई कुल दूरी ज्ञात कीजिए।

ए] 60

बी] 85

सी] 75

डी] 52

उत्तर = सी

246 3 3000 का कितना प्रतिशत है?

ए] 10%

बी] 5%

सी] 1%

डी] 0.1%

उत्तर = डी

247 एक आदमी ने 100 रुपये में एक दीपक खरीदा और उसे 120 रुपये में बेच दिया। उसने कितना लाभ कमाया? लाभ प्रतिशत क्या है?

ए] लाभ 10 रुपये; लाभ प्रतिशत 40%

बी] लाभ 20 रुपये; लाभ प्रतिशत 20%

सी] लाभ 20 रुपये; लाभ प्रतिशत 10%

डी] लाभ रु। 20; लाभ प्रतिशत 2%

उत्तर = बी

248 साक्षात्कार से पहले पूर्वाभ्यास या अभ्यास सत्र को __________ कहा जाता है

ए] पूर्व साक्षात्कार

बी] शौकिया पूर्वाभ्यास

सी] साक्षात्कार के बाद

डी] नकली साक्षात्कार

उत्तर = डी

249 गतिविधियाँ जो व्यक्ति खाली समय में करता है जैसे पढ़ना, बागवानी करना, ब्लॉग लिखना ___________ कहलाती है

ए] अनुभव

बी] शौक

सी] योग्यता

डी] उद्देश्य

उत्तर = बी

250 जब कोई व्यक्ति कुछ करने में स्वाभाविक रूप से अच्छा होता है, तो यह उसका _________ है

एक कमज़ोरी

बी] परिवार

सी] ताकत

डी] वंशानुगत

उत्तर = सी

251 उपकरण और तकनीकें जिनका उपयोग किसी के कार्य को आसान बनाने के लिए किया जाता है

कुशलता से काम करना और रिज्यूमे में उल्लिखित ___________ कहा जाता है

ए] सॉफ्टवेयर

बी] पढ़ना

सी] उदाहरण

डी] कौशल

उत्तर = डी

252 प्रशिक्षण की एक भुगतान अवधि जो आपको सीखने की अनुमति देती है a

जब आप उद्योग में काम करते हैं तो विशेष कौशल या कौशल का एक सेट ___________ कहलाता है

ए] क्राफ्टिंग

बी] अवसर

सी] उद्यमिता

डी] शिक्षुता

उतर = डी

255 दिए गए विकल्पों में से पेशेवर नेटवर्किंग प्लेटफॉर्म की पहचान करें।

ए] फेसबुक

बी] इंस्टाग्राम

सी] लिंक्ड

डी] लिंक्डइन

उत्तर = डी

259 ICC POSH और यौन उत्पीड़न के संबंध में मतलब

ए] आंतरिक क्रिकेट समिति

बी] अंतर्राष्ट्रीय अनुपालन समिति

सी] आंतरिक कंपनी समिति

डी] आंतरिक शिकायत समिति

उत्तर = डी

260 .----------- का अर्थ है अपने आप को और अपने आस-पास को साफ-सुथरा रखने का अभ्यास।

ए] स्वास्थ्य

बी] सुरक्षा

सी] समुदाय

डी] स्वच्छता

उत्तर = डी

261 स्वच्छता के कुछ उदाहरण हैं कटे और साफ नाखून रखना, दिन में दो बार दांतों को ब्रश करना, खाना खाने से पहले और बाद में हाथ धोना।

समुदाय

बी] संगठनात्मक

सी] व्यक्तिगत

डी] कार्मिक

उत्तर = सी

262 अपने आस-पास के वातावरण की देखभाल करना ----------स्वच्छता कहलाता है

समुदाय

बी] संगठनात्मक

सी] व्यक्तिगत

डी] कर्मियों

उत्तर = ए

263 सामाजिक और व्यावसायिक उद्देश्यों के लिए एक आवश्यक जीवन कौशल क्या है?

ए] अंग्रेजी सीखना

बी] मातृभाषा सीखना

सी] विदेशी भाषा सीखना

डी] अधिक भाषा सीखना

उत्तर = ए

264 अपने बॉस को संबोधित करते समय, आपको...

ए] असभ्य

बी] अनौपचारिक

सी] औपचारिक

डी] अभिव्यंजक

उत्तर = सी

265 नमस्ते, कैसे हो आप, क्या चल रहा है, ये इसके उदाहरण हैं....

ए] औपचारिक संचार

बी] अनौपचारिक संचार

सी] विनम्र संचार

डी] असभ्य संचार

उत्तर = बी

266 जब आप किसी से मिलते हैं तो सबसे पहले आप क्या कहते हैं?

ए] अलविदा

बी] शुभ दिन

सी] मिलते हैं

डी] सुप्रभात

उत्तर = डी

268 "I__________a मूवी कल" क्रिया के सही भूतकाल के साथ रिक्त स्थान भरें

एक घड़ी

बी] देख रहा हूँ

सी] देखा

डी] देखेगा

उत्तर = सी

269 उपकरणों का एकवचन रूप है....

ए] वसीयत

बी] डिवाइज

सी] विभाजित

डी] डिवाइस

उत्तर = डी

270 "घोषणा .... कल अनावश्यक थी" उचित शब्द के साथ वाक्य को पूरा करें।

ए] मेड

बी] बनाना

सी] बनाया गया था

डी] बना देगा

उत्तर = ए

271 रिक्त स्थान की पूर्ति उचित प्रश्नवाचक से करें .... कल के खेल में गलत हो गया।

ए] जहां

बी] क्या

सी] जब

डी] कौन

उत्तर = बी

273 उपयुक्त शब्द "द प्लंबर .... टैप ओनली नाउ" के साथ वाक्य को पूरा करें।

दुरुस्त

बी] फिटिंग कर रहे हैं

सी] उपयुक्त है

डी] फिटिंग . था

उत्तर = सी

274 जब आप किसी विषय पर चर्चा शुरू करते हैं, तो आप क्या कहते हैं?

ए] आप शुरू करते हैं

बी] मुझे कहने दो

सी] चलो चर्चा करते हैं

डी] चलो खत्म करते हैं

उत्तर = सी

275 जब आप विनम्रता से असहमत होते हैं तो आप क्या कहते हैं?

ए] मुझे डर है

बी] मुझे असहमत होना है।

सी] आप गलत हैं

डी] वह सही है

उत्तर = ए

276 उपयुक्त वर्णन करने वाले शब्दों से वाक्य को पूरा कीजिए।

क्षेत्रफल __________ है क्योंकि इसमें घरों में बहुत पैसा खर्च होता है।

एक सुंदर

बी] अच्छा

सी] महंगा

डी] विशाल

उत्तर = सी

277 उपयुक्त वर्णन करने वाले शब्दों के साथ वाक्य को पूरा करें
मेरे शहर की सड़कें _________ स्थिति में हैं।

एक अच्छा

बी] महंगा

सी] सुंदर

डी] सुरक्षित

उत्तर = ए

278 उपयुक्त वर्णन करने वाले शब्दों के साथ वाक्य को पूरा करें
सुंदर फूलों वाला एक _________ बगीचा है।

एक अच्छा

बी] विशाल

सी] बड़ा

डी] सुंदर

उत्तर = डी

279 उपयुक्त वर्णन करने वाले शब्दों के साथ वाक्य को पूरा करें
हमारे घर के पास एक _________ खेल का मैदान है।

ए] विशाल

बी] बड़ा

सी] सुंदर

डी] अच्छा

उत्तर = बी

280 उपयुक्त वर्णन करने वाले शब्दों के साथ वाक्य को पूरा करें
मेरे पड़ोस में _________ अपार्टमेंट हैं।

ए] महंगा

बी] सुंदर

सी] अच्छा

डी] विशाल

उत्तर = डी

281 उपयुक्त वर्णन करने वाले शब्दों के साथ वाक्य को पूरा करें

यह एक __________ पड़ोस है। किसी को डरने की जरूरत नहीं है।

एक अच्छा

बी] बड़ा

सी] सुरक्षित

डी] महंगा

उत्तर = सी

282 उपयुक्त वर्णन करने वाले शब्दों के साथ वाक्य को पूरा करें

क्षेत्र में कोई मनोरंजन पार्क नहीं है। यह एक ____स्थान है।

ए] प्रदूषित

बी] सूखा

सी] शोर

डी] उबाऊ

उत्तर = डी

283 उपयुक्त वर्णन करने वाले शब्दों के साथ वाक्य को पूरा करें

इलाके में एक फैक्ट्री है। हवा __________ है।

ए] प्रदूषित

बी] उबाऊ

सी] असमान

डी] शोर

उत्तर = ए

284 उपयुक्त वर्णन करने वाले शब्दों के साथ वाक्य को पूरा करें

मोहल्ले में पानी की किल्लत है। क्षेत्र __________ है।

ए] असमान

बी] शोर

सी] सूखा

डी] उबाऊ

उत्तर = सी

285 उपयुक्त वर्णन करने वाले शब्दों के साथ वाक्य को पूरा करें

कुछ ग्रामीण क्षेत्रों में परिवहन मुश्किल है क्योंकि सड़कें __________ हैं

सूखा

बी] प्रदूषित

सी] सम

डी] असमान

उत्तर = डी

286 मानसिक और शारीरिक गतिविधियों के बीच संतुलन बनाए रखने में क्या बात हमारी मदद करती है?

ए] शौक

बी] चल रहा है

सी] चलना

डी] पढ़ना

उत्तर = ए

288 आप जिस स्थान पर रहते हैं उसके निकटतम परिवेश को ______ कहा जाता है

एक गांव

बी] टाउन

सी] शहर

डी] पड़ोस

उत्तर = डी

289 किसी स्थान की स्थितियाँ जो व्यवहार को प्रभावित करती हैं और किसी व्यक्ति या वस्तु के विकास को __________ कहा जाता है

ए] पड़ोस

बी] पर्यावरण

सी] इलाके

डी] सुविधाएं

उत्तर = बी

291 कौन सा साहसिक कार्य नहीं है?

ए] चढ़ाई

बी] पर्वत ट्रेकिंग

सी] सर्फिंग

डी] ड्राइविंग

उत्तर = डी

292 समुद्र में यात्रा करना ______ कहलाता है

यात्रा

बी] नौका विहार

सी] मछली पकड़ना

डी] टूर

उत्तर = ए